Oscar Ewald
Nietzsches Lehre in ihren Grundbegriffen
Die ewige Wiederkunft des Gleichen und der Sinn des Übermenschen
Eine kritische Untersuchung

Ewald, Oscar: Nietzsches Lehre in ihren Grundbegriffen – Die ewige Wiederkunft des Gleichen und der Sinn des Übermenschen. Eine kritische Untersuchung
Hamburg, SEVERUS Verlag 2011.
Nachdruck der Originalausgabe von 1903.

ISBN: 978-386347-043-2
Druck: SEVERUS Verlag, Hamburg 2011

Der SEVERUS Verlag ist ein Imprint der Diplomica Verlag GmbH.

Bibliografische Information der Deutschen Nationalbibliothek:
Die Deutsche Nationalbibliothek verzeichnet diese Publikation in der Deutschen Nationalbibliografie; detaillierte bibliografische Daten sind im Internet über http://dnb.d-nb.de abrufbar.

© **SEVERUS Verlag**
http://www.severus-verlag.de, Hamburg 2011
Printed in Germany
Alle Rechte vorbehalten.

Der SEVERUS Verlag übernimmt keine juristische Verantwortung oder irgendeine Haftung für evtl. fehlerhafte Angaben und deren Folgen.

SEVERUS Verlag

PAUL DEUSSEN

in Verehrung

Inhalt.

Einleitung 3

I. Teil.
Die ewige Wiederkunft des Gleichen.

I. Die ewige Wiederkunft des Gleichen und der Übermensch als einander widersprechende Elemente 9
II. Die ewige Wiederkunft des Gleichen als kosmologisches Problem . 21
III. Der Übermensch als evolutionistisches Problem 28
IV. Kritik des Evolutionismus 35
V. Der Übermensch als immanentes Ideal 48
VI. Die ewige Wiederkunft des Gleichen als Symbol 55
VII. Das Verhältnis der ewigen Wiederkunft des Gleichen und des Übermenschen: Symbol und Realität 74

II. Teil.
Der Sinn des Übermenschen.

I. Das Unsterblichkeitsproblem 81
II. Das Zeitproblem 96
III. Historische und elementare Menschen 100
IV. Das Kulturproblem; sein Verhältnis zum metaphysischen Problem . 106
V. Die historischen und elementaren Naturen in ihrem Verhältnis zum Kulturprobleme 114
VI. Historie und Wert 124
VII. Der Konflikt des historischen und elementaren Elementes in Nietzsche 127

Einleitung

Die vorliegende Schrift ist nicht eigentlich ein Buch über Nietzsche. Weder handelt es sich um die Person des Philosophen, noch um das Ganze oder einen Teil seiner Lehre, sobald man die Lehre gleichsam als ein Vereinzeltes, für sich Stehendes und Isoliertes betrachtet, wo der Kritiker denn freilich bloss von aussen Zutritt hat und nicht zwischen dem Denker und seinen Gedanken Stellung nehmen kann. Die Gedanken sind allerdings das Recht und das Eigentum des Denkers, und kein Unberufener darf sich dazwischen drängen. Aber die Gedanken sind doch nicht ihrem Träger lose anhaftende Qualitäten, die kommen und gehen, wie die flüchtigen Stimmungen des Augenblicks. Sie sind auch etwas neben demjenigen, der sie denkt, ihm gegenüber, unter Umständen sogar etwas gegen ihn. Die geistige Vaterschaft ist nicht wie die körperliche von vornherein auf den liebevollen Schutz der Nachkommenschaft gerichtet; sie hat ihre stürmischen Kontraste und Gegnerschaften im Vater selber, und nicht selten ist der Erzeuger an seiner Gedankenfrucht untergegangen.

Sicherlich, das Individuum hat nicht nur die Administration der Ideen, wie uns etwa die Hegelsche Begriffsphilosophie glauben machen will, die den Menschen als wehrlosen Sklaven in den Dienst der absoluten Vernunft stellt. Die Idee geht durch ihre Träger nicht hindurch wie durch geöffnete Ventile, lediglich den Gesetzen des Luftdruckes gehorchend, während sie das menschliche Medium widerstandslos passieren liesse. Das Individuum hat innerlich teil an der Idee und ist mehr als ein blosses Verwaltungsorgan, das sich mechanisch der Erfüllung seiner Funktionen widmet. Idealismus und Individualismus liegen nicht miteinander im Widerstreite. Aber die Idee ist auch nicht bloss eine Funktion des Individuums, nichts, was seiner Willkür freien Raum gäbe. Sie ist, wie gesagt, auch etwas neben dem Individuum und sogar gegen das Individuum.

Darum haben die Ideen ihre Unabhängigkeit, ihre selbständige Existenz, ihr Schicksal und ihre immanente Verkettung; man kann zwischen sie und ihren Träger treten, um sich nach beiden Seiten den Blick frei zu halten. Dies wird dort besonders am Platze sein, wo der denkende Mensch seinen Gedanken selber nicht nach Wunsch beikommen kann, wo er nicht Souverän ist, sondern Untertan, wo er sie nicht durchdringt, aber von ihnen durchdrungen wird. Das ist der leidende Denker; denn er leidet unter einer Realität, die ihm zu eigen und ihm dennoch fremd ist.

Wenn man ihm diese Ideenrealität als festes und unveräusserliches Besitztum zuwachsen lässt, dann sieht man nichts als Widersprüche und Dunkelheiten. Löst man sie ganz von ihm ab, so hat man Abstraktionen und keine konkrete Unterlage. Man muss die Beziehung des Individuums zur Idee aufrecht erhalten, aber man darf diese Beziehung nicht im Sinne eines unantastbaren Eigentumsrechtes missdeuten wollen. Es ist also möglich, die Idee an sich überindividuell und in logischer Verallgemeinerung zu betrachten; allein man muss sie, wenigstens nachträglich wieder auf die Bedingungen einschränken, unter denen sie jenes Individuum gedacht hat. So erst erkennt man, was an einer Lehre bleibend und was an ihr vergänglich ist. Und indem man den philosophischen Begriffen diejenige Unabhängigkeit belässt, die notwendig ist, um sie auch ausserhalb einer bestimmten Philosophie zu kritisieren, frevelt man nicht an dem Wert des Individuums, sondern im Gegenteil man schützt ihn. In der Ewigkeit der Gedanken rettet man die Ewigkeit des Denkers.

Wenn irgendwo, so ist dieses Verfahren bei Nietzsche am Platze. Der Schöpfer des Zarathustra verpönte das System. Oder es lag vielmehr in der Wucht, dem Ungestüm zusammen- und durcheinanderfliessender Gedankenreihen, dass sie sich nicht in ein gemeinsames und einheitliches Schema unterordnen liessen; und Nietzsche war der müssige Zuschauer ihrer Konflikte, dem nichts übrig blieb, als das System zu verwünschen, wo sein System nicht zu retten war. Allerdings, in überlegter Reflexion hat er diese Unredlichkeit nicht begangen. Eben der Umstand, dass er nicht immer reflektierte, sondern impulsiv den auf ihn losstürmenden Impressionen nachgab, dass er die Reflexionen gegen die Emotionen nicht aufkommen liess, führte ihn dazu, einen Mangel in ein Prinzip zu verwandeln. Darum muss man zwischen dem Allgemeinen und dem Persönlichen an Nietzsches Ideen unterscheiden, muss sie auch gegen den Denker Zeugenschaft ablegen lassen, wenn es notwendig ist. Und er selber gibt uns das Recht zu dieser Abstraktion. Denn er fühlt sich zuweilen unterhalb und nicht oberhalb seiner Schöpfungen: als einen Durchgangspunkt und nicht als die Quelle der Ideen. Wie er zum Übermenschen emporsah, so sah er auch zum Begriff des Übermenschen empor. Er empfand ihn als einen Wertspender und nicht sich selber als den Schöpfer dieses Wertes. In einsamer Wanderung kam er auf den Zarathustragedanken; doch nein: der Zarathustragedanke kam über ihn.

Der Zarathustragedanke und Nietzsches Gedanke sind also zweierlei; und man sollte nicht künstlich diese Zweiheit zu bemänteln versuchen. Ich gehe von keiner missverständlichen Auffassung der zitierten Worte aus. Man darf die Voraussetzungen der genialen Produktion nicht verkennen wollen: jede tiefere Idee kommt von oben und von aussen und ist nicht etwa ein Objekt spielender Willkür, sie ist keine Handlung, sondern ein Ereignis. Es gibt aber Ereignisse in doppelter Bedeutung: Ereignisse, denen gegenüber wir uns frei und denen gegenüber wir uns unfrei fühlen. Der Zarathustragedanke war kein Ereignis, bei dem Nietzsche frei blieb; er war ein Ereignis, gegen das Nietzsche, hart gesprochen, gar nicht aufkommen konnte.

Es wäre nun nahe gelegen, den Philosophen direkt in seinen Widersprüchen zu belauern und dann das Urteil zu sprechen. Sicherlich geschieht es ebenso im Interesse einer vorurteilsfreien und umfassenden Würdigung seiner Lehren, wenn man in sachlicher Erwägung These neben Antithese reiht, und aus den systematisch geordneten Widersprüchen ein System der Widersprüche aufbaut, als es auf der andern Seite zu ihrem Nachteil ausschlägt, wenn man eine Einheit erzwingen will, wo keine Einheit existiert. Dieser Zwang schädigt den Denker und die Idee, denn er zwingt beide zum Wort, statt ihnen das Recht des freien Wortes zu lassen. Aber bevor man etwa die Widersprüche Nietzsches in ein System bringt, muss man im Prinzip diese Systematik besitzen, und es muss ihr eine Untersuchung vorangehen, die das Princip zu entdecken sucht und seine konsequente Anwendung vorbereitet.

Das ist die leitende Tendenz meiner Untersuchung; sie ist nicht mehr als eine Vorarbeit, denn sie legt die widerstreitenden und konstituierenden Elemente der Nietzsche'schen Philosophie noch nicht übersichtlich und in kritischer Anordnung auseinander. Aber sie versichert sich eines Masstabes. Und diesen Masstab soll sie später an Nietzsche, an den Widerspruch Nietzsches, den sie nicht bloss aufheben, sondern auch begreifen lehrt, herantragen.

Eben deshalb konnte sie aber nicht von Nietzsche ausgehen, sondern musste sich zwischen Nietzsche und seine Ideen stellen. Sie leitete nicht den Zarathustragedanken von ihm ab, sondern führte vom Zarathustragedanken erst zu ihm hinüber. Sie erforschte daher zunächst den Zarathustragedanken und analysierte ihn in seine Elemente: die Idee der ewigen Wiederkunft des Gleichen und das Postulat des Übermenschen. Unabhängig von Nietzsche prüft sie beide auf ihren logischen und ethischen Gehalt. Sie erwägt im allgemeinen, was die ewige Wiederkunft, was der Übermensch überhaupt, nicht bloss für Nietzsche, sein könne, und sie macht dann die Probe auf Nietzsche. Statt ihn, sklavisch am Wortlaute hangend, zu interpretieren, subsumiert sie ihn einem grösseren Begriffsganzen. Aber die Subsumtion geschieht nicht willkürlich. Man experimentiert nicht mit Nietzsche, man will ihn nicht zum wehrlosen Versuchsobjekt erniedrigen. Die Subsumtion macht eben auch die Probe. Die Idee der ewigen Wiederkunft des Gleichen und das Postulat des Übermenschen wurden freilich aus ihrer Besonderung in die Sphäre des Allgemeinen erhoben. Die Analyse der ewigen Wiederkunft musste den Sinn des Übermenschen aufklären und ebenso umgekehrt der Übermensch die Idee der ewigen Wiederkunft. Aber diese ewige Wiederkunft des Gleichen und dieser Übermensch mussten nachher mit der ewigen Wiederkunft und dem Übermenschen Nietzsches verglichen werden, wenn man sich nicht in Abstraktionen verlieren, sondern den Kontakt mit dem Denker forterhalten wollte.

Der nachträgliche Vergleich ergibt neben der logischen auch die historische Berechtigung unseres Standpunktes; er zeigt nicht etwa, dass Nietzsche so hätte denken sollen, sondern dass er auch so dachte, wenigstens dort so dachte, wo er vor der Entscheidung stand. Er ergibt daneben freilich auch, dass Nietzsche nicht nur so, sondern auch anders dachte. Und dieses Anders, in seiner Andersheit definiert und klar abgeleitet, bereitet eben das System der Widersprüche vor, das Thema der hier noch nicht zu leistenden, sondern nur einzuleitenden Hauptarbeit. Zwischen diese und den ersten Teil, der das Verhältnis der ewigen Wiederkunft des Gleichen und des Übermenschen analysiert, den immanenten Widerspruch aufzeigt, aber seine gegensätzlichen Elemente zu einer höheren Einheit erhebt, schiebt sich der zweite Teil, der das Unsterblichkeitsproblem nach der Wertseite in Erwägung zieht und jenes andere, unserer Auffassung widersprechende Element Nietzsches hervorhebt, um mit dem Begriff des historischen Menschen als zusammenfassender, psychologischer Synthese der ewigen Wiederkunft und des Übermenschen in unserem Sinne den Übergang zur Hauptarbeit zu konstruieren.

Man kann also nicht von einer willkürlichen Entstellung Nietzsches sprechen, denn einesteils ist nicht überall von Nietzsche selber, sondern von seinem Gedankenkreise die Rede, andernteils wird Nietzsche selber als Kronzeuge einvernommen. Ebenso unberechtigt wäre der vielleicht durch die Terminologie und manche sachliche Ergebnisse nahegelegte Vorwurf, es sei mit alledem der unfruchtbare Versuch unternommen worden, den erklärten Kantgegner Nietzsche zum Kantepigonen zu stempeln. Die folgenden Untersuchungen sind allgemein logisch und stehen darum ebensowohl ausserhalb Kants als ausserhalb Nietzsches. Ihre Ergebnisse können, wenn sie konsequent abgeleitet sind, nicht darum verworfen werden, weil sie kantisieren, man müsste denn ein Inquisitionstribunal an Stelle der philosophischen Kritik entscheiden lassen. Es ist allerdings kein Postulat, dass Nietzsche dort, wo er tief und am tiefsten gedacht hat, kantisch gedacht haben muss; aber es ist auch kein Postulat, da er eben da nicht kantisch gedacht haben darf. Man wird nicht von vornherein den Wert Nietzsches dogmatisch an Kant bestimmen wollen, aber niemand kann einen hindern, den exakt geführten Nachweis zu erbringen, dass ungeachtet aller Proteste des Denkers selber Kant einen wirksamen Faktor in seiner Lehre repräsentiert.

Im Hinblick auf diese Erläuterungen wird manches, was möglicherweise terminologisch anstössig schien, in das rechte Licht rücken können. Nietzsche war Antimoralist, wollte Antimoralist sein. Ich habe aber fortwährend von ethischen Ideen und Postulaten gesprochen. Aber fürs erste war ich, wie gesagt, nicht auf Nietzsche allein angewiesen, sondern durfte auch in grösserer Distanz von ihm meiner Wege gehen. Zum zweiten ist die öffentliche Meinung wohl schon einig darüber, dass der Schöpfer Zarathustras trotz aller Polemik gegen die Ethik, die im Grunde genommen bloss gegen die Ethiker Stellung nimmt, ein Moralist, sogar ein Moralist im grossen Stile war. Drittens sind jene Worte auch im übrigen terminologisch unbedenklich. Auch das Böse ist ein ethischer Begriff, auch das Ideal des Bösen ist ein ethisches Ideal. Die antiethischen Phänomene können mit demselben Recht ethische Phänomene genannt werden. Ethisch ist alles, was eine Beziehung zur Ethik hat.

Ebenso werden es diese methodologischen Voraussetzungen begreiflich erscheinen lassen, dass ich weder allzu häufig meine Darstellung mit Zitaten aus dem Schrifttum Nietzsches belegte — an den wichtigen und massgebenden Stellen geschah es ohnedem —, noch mich eingehender und im Detail mit der überreichen Nietzscheliteratur auseinandersetzte. Da ich von Nietzsche nicht meinen Ausgang nahm, sondern von einem anderen Standort aus erst später an ihn herantrat, war ich nicht gezwungen, ängstlich seinen Spuren nachzugehen. Ich brauchte mich bloss, wenn die Wege nach verschiedenen Seiten auseinanderliefen, zu überzeugen, dass die von mir betretenen Pfade dem Ziele Nietzsches entgegenführten. Im Rahmen einer bloss die Prämissen der Lehre prüfenden Vorarbeit lag es noch nicht, auf die abweichenden und übereinstimmenden Auffassungen Rücksicht zu nehmen. Die Idee der ewigen Wiederkunft des Gleichen, die hier in den Vordergrund gerückt ist, hat im allgemeinen nicht die verdiente Berücksichtigung gefunden. Neuerdings hat sich dies freilich zum Teile geändert. So erkennt zum Beispiel schon Ziegler in seiner Monographie in der ewigen Wiederkunft das Grundelement der Zarathustralehre, ihren Primat über den Übermenschen und ihren symbolischen Charakter; wenngleich er es allerdings unterlässt, ihr Verhältnis zum Übermenschen einer eingehenderen Analyse zu unterziehen. Im übrigen wurde die Beziehung zu Nietzsche und seinen Interpreten überall so weit gewahrt, als es für die in dieser Vorarbeit zu behandelnden Probleme notwendig und erwünscht war. Es galt vor allem, das Rüstzeug zu beschaffen und nicht vorschnell den Kampfplatz zu betreten.

Zum Schluss noch eine Frage: Sollte man wirklich bloss dann einem Denker gerecht zu werden vermögen, wenn man ihn ausschreibt oder im Gegenteil wegen eines offenen oder latenten Widerspruches in Bausch und Bogen verwirft? Auch der Widerspruch kann fruchtbar sein und eine höhere Einheit vorbereiten. Oder er ist ein tragisches Phänomen. Dann lehrt er uns einen Denker verstehen und seine Fehler vermeiden, ist also wieder in zweifacher Hinsicht fruchtbar. Es mag unendlich lohnend und anziehend sein, in Nietzsche und mit Nietzsche zu philosophieren. Aber sollte es nicht ebenso mit gutem Recht erlaubt sein, über Nietzsche — über Nietzsche hinaus zu philosophieren?

I. Teil
Die ewige Wiederkunft des Gleichen

I. **Die ewige Wiederkunft des Gleichen und der Übermensch als einander widersprechende Elemente**

Das eigenartigste, aber auch das bedeutsamste Element in Nietzsches Lehre scheint mir die Idee der ewigen Wiederkunft des Gleichen zu sein. Von ihr ist allerdings nur wenig auf den Markt gedrungen. Die Vielzuvielen, denen er den Übermenschen entgegenstellt, nicht als erbauliches Vorbild und nicht als Vogelscheuche, wie die Pseudointerpreten der einen oder der anderen Partei glauben, sondern als lebendigen Mahnruf, der in ihrem Herzen einen lauten Widerhall erwecken sollte, finden an ihm, den sie seiner königlichen Insignien entkleiden und mit den kläglichen Fetzen ihrer dürftigen Imagination behängen, ihr Gefallen und ihre Befriedigung; weit mehr Gefallen, als an jener mystischen Konzeption an der sie offenbar dasjenige vermissen, was in unsern Tagen geistige Werte überhaupt erst kursfähig macht: den sozialen Charakter, allgemeiner gesprochen, die Möglichkeit einer sozialethischen Interpretation. Gedanken, die von der Blässe der Metaphysik angekränkelt sind, schiebt man heute gerne in den Hintergrund; man greift lieber ins Volle und flüchtet vor den blutleeren, hohläugigen Schemen, die an den Abgründen des Lebens lauern. Daher rührt es, dass der Übermensch sich wider Wissen und Willen des Meisters einer so weitreichenden Popularität erfreut und in der Beurteilung dieses letzteren kein Raum mehr bleibt für Betrachtungen, die an ihm vorbei oder doch hinter ihn zurückzugehen suchen. Das Asoziale, das scheinbar Asoziale des Standpunktes der Nietzsche'schen Herrenmoral, sofern wir ihn wenigstens an unseren gut bürgerlichen Begriffen messen, konnte auf die Dauer niemand verborgen bleiben. Aber eben damit war eine Fülle von Beziehungen zu unserem sozialen Milieu geschaffen, nicht etwa äusserliche Relationen, die den Kern des Problems unberührt lassen und eine Reihe nebensächlicher Fragen in den Vordergrund rücken, sondern die Problematisation des sozialen Daseins selber, die kritische Prüfung derjenigen Werte, die bisher als unantastbare Voraussetzung fungierten und selbst zum Masstab jeder anderen Kritik genommen zu werden pflegten. Es war sicherlich gerade das Prickelnde des Widerspruches, was das Interesse und die Aufnahmsfähigkeit der Mitwelt steigerte und die gegebenen Anregungen mit ungeahnter Geschwindigkeit in die weitesten Kreise trug. Der Widerspruch lockt diejenigen, denen die Verneinung ein Bedürfnis ihrer Eitelkeit ist und eine gewohnheitsmässige Reaktion auf alles, was um sie entsteht und vergeht. Er lockt aber in mancher Hinsicht auch die konservativen Charaktere, die auf das Ja- und Amenlied in jeder Tonlage eingestimmt sind. Der absoluten Negation gegenüber fühlen sie sich gewappnet. Hätte es sich um bescheidene Einzelheiten gehandelt, um ein liebgewordenes Vorurteil mehr oder weniger, dann würden sie sich vielleicht in ihrem Besitzstand bedroht und zur ernsten Abwehr der gegnerischen Angriffe genötigt geglaubt haben. So aber mochte der Sturm nur gemächlich vor der Tür austoben. Er zeigte zum wenigsten, wie baufest das Haus war, worin die Hüter der Gegenwart ihren Sitz hatten und wie standhaft es jedem Orkane trotzte. Man durfte sich sogar in rein ästhetischer Freude dem grossen Naturschauspiel hingeben, das einem im sicheren Porte so wenig anhaben konnte. Und in dieser Bewunderung lag wohl ein Quentchen Mitleid: das Mitleid mit dem Wüstenlöwen, der an die Stangen des Käfigs pocht und nur den kalten Blicken der unglücksfrohen Menge begegnet. Das Problem des Übermenschen wandelte sich zum Problem Nietzsche. Man glaubte, es überwinden zu können, indem man es selber an sich zum Problem nahm, das heisst, die Problemstellung wieder problematisch fand. Man drängte nicht mehr nach Lösungsversuchen, man riet nicht mehr auf Ja, nicht mehr auf Nein, überhaupt auf keine direkte Antwort mehr, man riet statt aller Antwort auf die Disposition des Meisters. Die Pose der Psychiatrie verhüllte die Ohnmacht der Interpreten; für die Philosophie trat die Pathologie in die Schranken. Es war das geeignetste Mittel, um mit geschickter Seitenwendung der Schärfe seiner Kritik zu entgehen. Man lobte sie, ohne sich zu binden, noch mehr, man lobte sie, weil man sich nirgends gebunden wusste. Je weniger ernst sie genommen wurde, desto reger war das Interesse. Es ist die alte Passion für das Exotische. Aus der Distanz darf man bewundern. Und die Distanz blieb jederzeit gewahrt. Dass sie nicht überbrückt, dass sie nicht einmal abgekürzt wurde, das hatte Nietzsche selber am sichersten vorgesehen. Er liebte es, immer in Superlativen zu sprechen: So glaubte man, selbst den Positiv nicht ernst nehmen zu müssen. Würde er mit dem Bestehenden paktiert, würde er nach vermittelnden Formen gesucht, würde er bloss die Möglichkeit einer Vermittlung offen gelassen haben, so hätte man den Inhalt seiner Lehren nicht so schlechtweg umgehen oder sie bloss auf ihren ästhetischen Feingehalt prüfen können. Man wusste aber, dass der Weg zum Übermenschen ausserhalb des Bereiches der Menschheit lag. Einer zahmeren Forderung gegenüber wäre man konzilianter gewesen: die unerbittliche Alternative der Nietzsche'schen Ethik hatte man bald entschieden.

So wurde die Idee zur Sensation, der Übermensch zur Modepuppe degradiert. Man konnte ihn nominell und formell fortbestehen lassen und dabei der Reihe nach alle Werte für ihn einsetzen, denen man unter dem Vorwande, den Denker zu interpretieren und den wahren Kern seines Schaffens von den entstellenden Umhüllungen loszuschälen, Geltung verleihen wollte. Ob man sich sozial oder asozial geberdete, ob man in Friedensmelodien schwelgte oder Schlachtmusik intonierte, kam für den Erfolg nicht eben in Anbetracht. Das Interesse der Öffentlichkeit war einmal geweckt, sobald man zu den aktuellen, ihr besonders nahe gelegenen Problemen überhaupt Stellung nahm.

Des gleichen Vorteiles erfreut sich die andere Konzeption nicht, auf deren kritische Analyse es mir hier ankommt, die Idee der ewigen Wiederkunft. Sie ist ihrem Wesen nach metaphysisch und damit von vornherein gerichtet. Es ist allerdings keine Metaphysik, die an die Instanz eines höheren Erkenntnisvermögens appelliert. Deshalb konnte sie im Zeitalter einer zügellosen Gefühlsmystik noch Gnade finden, sobald sie nur auf das Niveau der populären Auffassung hinabgeschraubt war. Den breiten Bettelsuppen, die für den Geschmack des grossen Publikums bereitet sind, durfte sie als vortreffliche Stimmungswürze zugesetzt werden.

Diese irrationalistische Deutung, die eigentlich die konsequente Negation jeder Deutung war, führte notwendig zu einer vollkommenen Anarchie der logischen Funktionen. Sie fand umsomehr Anklang, als sie einem erlaubte, sich unter dem dergestalt verkleideten Symbole alles zu denken, oder vielmehr nichts zu denken, weil sie der mühseligen Arbeit des Denkens überhaupt enthob. Damit aber verübte sie ein Attentat gegen den tieferen Geist der Nietzsche'schen Ethik. Nicht darin konnte deren Wert liegen, die soliden Begriffsgebilde in haltlose Phantasmen verflüchtigt, sondern deren Kritik versucht zu haben. Sie rechnete also wenigstens mit ihrer Denkbarkeit, ob sie nun ihre reale Existenz bestritt oder anerkannte. Darum geht es nicht an, eine so monumentale und weittragende Idee, wie die der ewigen Wiederkunft einfach als Anhängsel, als eine Zugabe zweifelhafteren Charakters zu dulden. Auch die landläufige Auffassung, die darin einen Überschwang des Nietzsche'schen Lyrismus erblickt, der sich nicht in den knappen Panzer logischer Begriffsentwicklung einschnüren lassen und deshalb nach neuen Ausdrucksformen und Inhalten gerungen hätte, ist völlig unzulänglich. Sogar die Stimmung hat ihr Korrelat im Begriff. Das Gefühl darf dem Gedanken wenigstens nicht widersprechen. Es wäre ein eigenes um eine Philosophie, die hier das Prinzip der doppelten Buchführung aufrechterhalten wollte. Geht es also nicht an, mit Hilfe einer künstlichen Teilung, die keine der beiden Parteien befriedigen würde, sich den Schwierigkeiten einer gründlichen Analyse zu entziehen, so ist auf der anderen Seite die Behauptung, Nietzsche habe auf die fragliche Konzeption selber nicht viel Gewicht gelegt, nicht weniger aus der Luft gegriffen. Sie müsste sich, um glaubwürdig zu erscheinen, zweier Arten von Argumenten bedienen. Die eine, mehr äusserlicher Natur, könnte sich etwa darauf beziehen, dass bei dem Philosophen selber nur selten von der hier so übermässig betonten Idee die Rede sei. Damit wäre aber selbst unter den günstigsten Umständen wenig geleistet. Was ein Denker verschweigt, ist zumeist nicht dasjenige, woran ihm am wenigsten gelegen ist. Es muss die Absicht des Verschweigens dabei gar nicht deutlich betont sein. Aber gemeiniglich sagt er nicht dies am ehesten und öftesten, was er sagen will, sondern darauf geht sein Sinnen und Denken vor allem, dass er es sagen kann. Er hält sich bloss immer die Möglichkeit offen, oder vielmehr er steigert sie zur Notwendigkeit; aber zur Notwendigkeit, die jeder erraten und anerkennen muss, ohne sie mit Augen und Händen zu greifen. Denn die Philosophie hat ihre Heimlichkeiten wie die Kunst und die Liebe. Ausserdem, wie könnte Reden und Schweigen, wie könnte der Perzentsatz der Worte zum Masse dessen genommen werden, was er glaubt und was er glauben soll? Die Lehre eines Philosophen ist, wo sie überzeugende Kraft besitzen will, mehr als Spiel und Willkür. Sie hat ihre immanenten Gesetze, die er nicht umgehen kann. Sie hat ihr Schicksal, das auch das seine wird, wenn er nicht an sich selber den verhängnisvollsten Verrat übt. Sicherlich ist den Begriffen keine metaphysische Macht gegeben, der gegenüber die denkenden Individuen zu der traurigen Rolle eines Sprachrohres verurteilt sind, das ihren Inhalt den späteren Generationen übermitteln muss. Aber ihre innere Konsequenz bedarf keinerlei äusserer Zustimmung. Oft verlangen philosophische Systeme ungeachtet ihres sonstigen Wertes gebieterisch nach Ergebnissen, die allzu wenig im Einklange sind mit den massgebenden Tendenzen der Schöpfer. Einen Philosophen ausschreiben oder alle seine Worte auf Treu und Glauben hinnehmen, heisst daher noch lange nicht, den Nerv seiner Ideen erfassen. Mancher hat den Weg zur Wahrheit, wenigstens zu einer Wahrheit entdeckt, die Wahrheit selbst hat er dennoch im Rücken gelassen.

Es käme also auf die Argumente der anderen Art an, die zeigen müssten, dass dem inneren Geiste der Nietzsche'schen Lehre die Idee der ewigen Wiederkunft fremdartig oder gleichgültig sei. Für diese Art der Beweisführung kehrt sich das obige Verhältnis um. Der Philosoph könnte die Idee äusserlich bis zum Übermass betont haben. Und der Kritiker dürfte sie doch als belanglos für den Philosophen beiseite schieben. Die erste Argumentation mag also, da sie sich ihrer Aufgabe wenig gewachsen zeigt, in kurzem erledigt sein. Man wird bei einiger Aufmerksamkeit finden, dass die in Rede stehende Idee frühzeitig genug konzipiert wurde und sich niemals auf die Dauer aus dem Horizonte Nietzsches verlor.

Es ist daher am Platze, auf einige markante Stellen aus den verschiedenen Perioden seines Schaffens zu verweisen. Die Stellen sind dem mit der Nietzsche'schen Philosophie einigermassen Vertrauten ohnedem bekannt. Aber es wird von Vorteil sein, sie hier nebeneinander zu gruppieren, da man neben dem „Was" auch gleich das „Wie" vor Augen hat, neben der an sich indifferenten und wechselnden Deutungen zugänglichen Idee auch die besondere Auffassung der Idee durch den Denker. Sonst wären die Zitate im wesentlichen überflüssig; es genügte der biographische Hinweis darauf, wie intensiv das berührte Problem bereits im Jahre 1881 Nietzsche in Anspruch genommen hat.

In der „Fröhlichen Wissenschaft" liest man unter den Worten „Das grösste Schwergewicht", wie folgt: „Wie, wenn dir eines Tages oder Nachts ein Dämon in deine einsamste Einsamkeit nachschliche und sagte: ‚Dieses Leben, wie du es bis jetzt lebst und gelebt hast, wirst du noch einmal und noch unzählige Male leben müssen; und es wird nichts Neues daran sein, sondern jeder Schmerz und jede Lust und jeder Gedanke und Seufzer und alles unsäglich Kleine und Grosse deines Lebens muss dir wiederkommen, und alles in derselben Reihe und Folge und ebenso diese Spinne und dieses Mondlicht zwischen den Bäumen, und ebenso dieser Augenblick und ich selber. Die ewige Sanduhr des

Daseins wird immer wieder umgedreht — und du mit ihr, Stäubchen vom Staube!" — Würdest du dich nicht niederwerfen und mit den Zähnen knirschen und den Dämon verfluchen, der so redet? Oder hast du einmal einen ungeheuren Augenblick erlebt, wo du ihm antworten würdest: „Du bist mein Gott, und nie hörte ich Göttlicheres!" Wenn jener Gedanke über dich Gewalt bekäme, er würde dich, wie du bist, verwandeln und vielleicht zermalmen; die Frage bei allem und jedem: „Willst du dies noch einmal und noch unzählige Male?" würde als das grösste Schwergewicht auf deinem Handeln liegen! Oder wie müsstest du dir selber und dem Leben gut werden, um nach nichts mehr zu verlangen, als nach dieser letzten ewigen Bestätigung und Besiegelung? —"

In „Also sprach Zarathustra" denke man an das trunkene und an das Ja- und Amenlied.

Die „Götzendämmerung" klingt in die Worte aus: „Und damit berühre ich wieder die Stelle, von der ich einstmals ausging — die „Geburt der Tragödie" war meine erste Umwertung aller Werte: Damit stelle ich mich wieder auf den Boden zurück, aus dem mein Wollen, mein Können wächst — ich, der letzte Jünger des Philosophen Dionysos, — ich, der Lehrer der ewigen Wiederkunft."

So sieht Nietzsche in der Idee der ewigen Wiederkunft des Gleichen das Fundamentale seiner Lehren. Aus ihr wächst sein Wollen und Können. Sie ist sein Kern und seine Schale.

Es gilt nun, durch eine ausführlichere Argumentation den zweiten möglichen Einwand zu entkräften: dass der Philosoph die Idee äusserlich stark betont haben mag, ohne zu ihr innerlich die entsprechende Fühlung zu gewinnen. Die Behauptung wäre paradox. Ihre Widerlegung aber wird den Gedankengang wenigstens nach allen Seiten aufhellen. Der Grund dafür, dass ich hier bei der rätselhaftesten Konzeption Nietzsches verweile, ist nicht in der mystischen Stimmung zu suchen, die sie in uns auslöst, nicht in der Verschmelzung von Unendlichkeit und Wirklichkeit, die sie zustande bringen will, um so das Unfassbare auf den Boden der Erfahrungsrealität zu verpflanzen. Er ist der Inhalt einer viel nüchterneren Erwägung und rein theoretischer Natur. Es handelt sich darum, wie die ewige Wiederkunft des Gleichen neben der Idee des Übermenschen widerspruchslos zu denken sei. Nehmen wir diese zuerst, wie sie die landläufige — kritisch sanktionierte Auffassung nimmt, wie sie sich scheinbar uns selber bietet im Zusammenhang mit den naturphilosophischen und sozialen Theorien der neuesten Epoche. In dieser Form ist sie auf das Prinzip der Entwicklung gegründet.

Es liegt mir indessen an dieser Stelle fern, zu untersuchen, inwieweit Nietzsche durch den Einfluss Darwins und der Selektionstheorie in dem Ausbau seiner Ideen gefördert wurde, ob überhaupt ein solcher Einfluss angenommen werden kann oder eine spontane Neuschöpfung ohne biologische Analogien und Argumente ins Leben getreten sei, wie denn der energische Protest des Philosophen gegen die unverwüstliche Mittelmässigkeit des modernen Anglikanismus, gegen die „Armenleuteathmosphäre", in der der Kampf ums Dasein alle grösseren Dimensionen einbüsse und zum kleinlichen Ringen um das Existenzminimum herabsinke, leichtlich in diesem Sinne gedeutet werden könnte. Was zahlreiche Prosastellen äusserlich streifen oder näher berühren, hat er auch in einem energischen Verse mit unzweideutiger Klarheit betont.

> „Deutsche, dieser Engelländer
> Mittelmässige Verständer,
> Nehmt ihr für Philosophie,
> Darwin (Spencer) neben Goethe (Hegel) setzen
> Heisst die Majestät verletzen,
> Maiestatem genii."

Aber wie immer, ob sich in dieser Polemik eben das Gefühl der Abhängigkeit verraten hat, ob sie volle sachliche Begründung besitzt, das Prinzip der Entwicklung ist seiner allgemeinsten Fassung nach so unbestimmt, so vieldeutig und durchaus nicht an die Spezialisierung gebunden, die es im Darwinismus gefunden hat, dass seine Ausdeutung nach einer Richtung hin der individuellen Willkür überlassen bleibt und man unter jeder Bedingung die Namen Darwins und Nietzsches auseinanderhalten kann.

Das Problem des Übermenschen erfordert nun zu seinem tieferen Verständnis zwei Bestimmungsstücke, erstens das materiale Objekt der Entwicklung, die Lösung der Frage, in welchem Sinn diese vor sich gehen soll, zweitens das formale Element der Zeit, in der die Entwicklung sich vollziehen muss. Beide Elemente lassen sich begreiflichermassen nicht streng isolieren. Die Tendenz der Evolution ist von der Dauer in Vergangenheit und Zukunft abhängig. Wenn sich das Ideal auch nicht in knappe Grenzen abschliessen lässt und eigentlich gar nicht nach bestimmten Zeitlängen gemessen werden kann, so darf man doch billigermassen bei der Festsetzung des Zieles auch nach der Distanz fragen und nach der Möglichkeit, über diese hinauszukommen. Diese Frage taucht daher auch im Vordergrunde der Nietzsche'schen Lehre auf. Aber gerade hier möchte man glauben, dass Nietzsche vor allem das Objekt, das Was der Entwicklung, die sachliche Unterlage fixiert, ihren besonderen Modus, ihr Tempo, den Zeitfaktor dagegen völlig zurückgeschoben, ja sogar ausgeschaltet hätte. Denn eben das ist es, was den Philosophen so deutlich von den anderen Evolutionisten unterscheidet, die die breite Heerstrasse entlang ihrem Ziele zustreben, das Elementare, Spontane seines Wollens, der radikalste Bruch mit dem historisch Gewordenen und darum moralisch Sanktionierten, die Schaffung neuer Werte, die nicht blosse Umformungen und Fortbildungen der alten sein sollten, an die überhaupt kein Masstab gelegt werden sollte, der den Bedingungen der vulgären Wirklichkeit entstammte. Nichtsdestoweniger wird man bei einiger Überlegung finden, dass die blosse Konzeption des Übermenschen in ihrer rein formalen Beziehung zu der auf einer bestimmten Zeitstufe verwirklichten Menschheit uns über die Absichten und Ideen des Denkers gründlicher belehren kann. Da handelt es sich nicht um eine nüchterne, nach bloss logischem Gesichtspunkt unternommene Gegenüberstellung von Wirklichkeit und Ideal nach einem vorliegenden Schema, das gleichsam den architektonischen Grundriss für das neue Wertsystem bot, das an die Stelle des alten trat. Dass dem Postulat des Übermenschen der Hinweis auf den letzten Menschen vorangeht, ist bezeichnend genug. Die Negation überwog: die Kritik war eher als das neue Herrenwort. Das tiefe Misstrauen gegen alles, was zu Recht bestand und als unantastbares Besitztum der Menschheit galt, war hier schöpferisch geworden. Man kann ruhig sagen, dass die Sehnsucht, über die bedrückenden Schranken der Vergangenheit und Gegenwart hinwegzukommen, in Nietzsche stärker war als die Hoffnung, ein bestimmtes Ziel in näherer oder fernerer Zukunft zu erreichen. Seine Ethik ist nichts weniger als eine Güterlehre. Die Ziele, die sie sich steckt, sind nicht als eine Funktion der Zeit anzusehen. Kein Einzelnes, Singuläres, kein aus dem Zusammenhang des Ganzen losgelöster oder loslösbarer Anschauungskomplex, dessen Grenzen sich nach allen Seiten hin klar umschreiben liessen, überhaupt nicht der Inhalt, sondern die Form, die Dynamik des Geschehens war es, aus der der Begriff des Übermenschen kristallisierte. Der Entwicklung muss also ein unbegrenzter Spielraum gegeben sein, wenn er zu Recht bestehen soll, und die Idee der ewigen Wiederkunft widerstreitet dieser Voraussetzung.

Aber selbst wenn man psychologische Detailfragen ausser acht liesse und sich nur an den logischen Inhalt dieses Begriffes hielte, müsste der erwähnte Widerspruch unmittelbar einleuchten. Die Entwicklung ist eine Relationsvorstellung. Der Hinweis auf den Übermenschen setzt die Beziehung auf die Gegenwart voraus. Ja noch mehr, erst durch diese Beziehung gewinnt er Sinn und Inhalt. Aber Entwicklung und Übermensch sind an sich betrachtet noch lange nicht Wechselbegriffe. Mit derartigen Bestimmungen kämen wir nicht über die Grenzen des landläufigen Evolutionismus hinaus, der durch eine ins Unendliche fortgehende Summierung von Minimalwerten das Gesetz der Entwicklung formulieren will. Nun war es aber die aktive Schöpfung des Übermenschen, was Nietzsche verlangte, nicht jenes passive Zusehen, welches der Glaube an das unfehlbare Walten des Naturgesetzes der Entwicklung mit sich bringen muss. Im Begriff des Übermenschen findet also nur die unendliche Möglichkeit einer Entwicklung Ausdruck, der nirgends im objektiven Sein eine Schranke gesetzt ist, aber nur die unerschöpfliche Möglichkeit, das formale Moment des ewigen Werdens, nicht der materielle Inhalt einer bestimmten Wirklichkeit, die Richtung auf ein ruhendes Ziel. Weit entfernt, sozial-reformatorischen Bestrebungen zu dienen, überhaupt ein fixes Programm, wenn auch nur provisorisch, mit Rücksicht auf die gegenwärtige Gestaltung der Verhältnisse aufzustellen, ist die Forderung, für eine höhere Menschheit den Boden zu bereiten, eine solche, die nicht etwa in ruhiger, sachlicher Erwägung aus bestehenden Werten ein Gesetz ableitet, zu neuen, höheren zu gelangen, sondern bloss an den Trieb nach Vervollkommnung appelliert, aber nur an den Trieb losgelöst von bestimmten Inhalten, die höchstens Augenblicksmotive sein können, allein nie zu endgiltigen Zweckobjekten werden dürfen. Vorausgesetzt, die gegenwärtige Menschheit hätte sich zur Übermenschheit emporgeläutert und alles von sich geworfen, was dem Entwicklungsprozess hinderlich war, so erneuert sich für diese höhere Stufe von Lebewesen die Aufgabe, die der früheren gestellt worden. Der Übermensch als solcher steht im Grunde genommen gar nicht im Brennpunkte des philosophischen Interesses, sondern nur der Wille, zum Übermenschen zu kommen, die Sehnsucht nach dem historischen Jenseits, wie man es nennen kann, jene psychologische Disposition, die sich im Bestreben, die Bedingungen des menschlichen Daseins zur Realisierung ethischer Tendenzen völlig umzugestalten, kundgibt. Es handelt sich hier um keine Norm, die dies oder jenes, allemal aber ein anschaulich oder begrifflich begrenztes Gebiet im Auge hat. Der Übermensch ist ein Postulat in Permanenz.

Von den beiden vorerwähnten Faktoren ist es also der Inhalt, der konkrete Zweck, der für die vorliegende Betrachtung ausscheidet, während das Zeitmoment desto vollkommener zur Geltung kommt. Es ist die Zeit in Beziehung gedacht zur Veränderung und Vervollkommnung. Aber die Form des Zeitgeschehens spielt insofern die Hauptrolle, als an der Ewigkeit der Zeit die Unendlichkeit der Entwicklung, also die Möglichkeit des Übermenschen bestimmt wird. Und dies wiederum nicht so, als ob sich der Inhalt der Entwicklung gleichmässig über die als ewig gedachte Zeitreihe, wie die Evolutionisten es wollen, verteilen würde, so dass ein Differenzial auf ein Zeitteilchen käme. Es findet vielmehr gleichsam eine Transposition aus dem einen Gebiet in das andere statt. Die Quantität setzt sich um zur Qualität. Die unendliche uneingeschränkte Möglichkeit der Entwicklung, die stillschweigend die Voraussetzung einer unbegrenzten Dauer, während deren sie sich zu vollziehen vermag, in sich enthält, wird Nietzsche zur zeitlosen Realität des Übermenschen, der alle nach der evolutionistischen Annahme bloss successiv zur Entfaltung kommenden Prädikate spontan in seiner Person vereinigt. Das Pathos, das in der Vorstellung der nie gewordenen und nie zu Ende laufenden Ewigkeit liegt, wird zum Ethos der neuen Moral. **Der Übermensch ist die objektivierte Idee der Ewigkeit.**

Man darf ihn daher nirgends lokalisieren und man darf ihn nicht einmal definieren wollen. Was Spinoza mit Rücksicht auf die absolute Substanz eingeschärft, dass man keinerlei positive Aussage vor ihr machen dürfe, da mit einer solchen korrelativ die Negation, die Einschränkung verknüpft sei, gilt für ihn mit demselben Rechte. Jede Bestimmung könnte doch bloss eine historische Bestimmung sein. Und der Übermensch darf nicht historisch abgeleitet und erklärt werden. Er ist nicht der Partialzweck einer Zeit, die seiner wiederum zur Erreichung anderer Partialzwecke bedarf, er ist eine immerwährende Aufgabe, die stets von neuem vor dem Menschen auftaucht. Dies rührt daher, dass sie im Menschen, in der Idee der Menschheit liegt und nicht in den äusseren Verhältnissen, die den geschichtlichen Schauplatz beleben. **Der Übermensch ist kein Objekt, sondern eine psychologische Funktion.**

Dem gegenüber halte man nun die Idee der ewigen Wiederkunft. Es bedarf keiner grossen logischen Künste, um die völlige Unvereinbarkeit beider Gedankengänge nachzuweisen. Der eine, den ich früher zu analysieren suchte, setzt den Begriff einer unendlichen Zeitlänge voraus, ja noch mehr, dieser ist nicht blosse Voraussetzung oder gar eine nebensächliche Bestimmung, sondern sein eigentlicher Lebensnerv. Der andere, der den Mittelpunkt unserer

Ausführungen bildet, verlangt als condicio sine qua non das direkte Gegenteil, den Begriff einer vollendeten Unendlichkeit. Man sieht, es handelt sich hier nicht etwa um Thesen, die nichts miteinander gemein haben, sich nicht zu einem einheitlichen System ergänzen, aber dennoch ruhig nebeneinander bestehen können, ohne dass ihre Sphären sich wechselseitig durchkreuzen. Wir müssen hier einen offenkundigen Widerspruch verzeichnen. Aber vielleicht war es von vornherein unrichtig eingeleitet, an die freien nicht an den Regelzwang der überlieferten Methode sich bindenden Schöpfungen einer so eminent intuitiv veranlagten Natur wie Nietzsche ein dürr begriffliches Schema als obersten Masstab ihrer kritischen Bewertung zu legen. Die Lehre eines Philosophen wird man niemals verstehen, solange man sich nicht seinen Voraussetzungen oder, unumwundener gesagt, seiner Persönlichkeit accomodiert hat. Dieser Vorwurf, der manchem bereits auf der Zunge schwebt, muss aber meinen Ausführungen gegenüber natürlich sein Ziel verfehlen. Zweifellos, Nietzsche verpönte das System; er schrieb, was er erlebte, und er erlebte, was er schrieb. Aber er verpönte es nicht so sehr, weil er die objektive Macht der logischen Idee untergraben wollte, als vielmehr darum, weil er zweifelte, dass die reine Objektivität der Logik überhaupt jemals in das menschliche Gemüt Eingang finde, weil er hinter der gestrengen Amtsmiene des Systematikers den heimlichen Hunger nach Macht, Autorität und Anerkennung mit hohlen Augen lauern sah, weil er den Fanatismus der Methode bloss für das Deckschild hielt, hinter dem der Wille, die begrenzte Individualität mit allen ihren Werten und Scheinwerten durchzusetzen und zur Vorherrschaft zu bringen, sich zur Not bergen konnte. Sein Kampf galt daher nicht eigentlich dem Systeme, sondern der Fiktion eines Systemes. Sobald man aber unter System nicht mehr und nicht weniger verstehen will, als eine Reihe harmonisch zusammenstimmender Urteile, die untereinander verknüpft wieder ein Urteil höherer Kategorie ergeben, also das Prinzip alles wissenschaftlichen Forschens und vernünftigen Denkens, kann man gegen mich nicht die Beschuldigung richten, dass ich das erste und oberste Axiom des praktischen Handelns, das da heisst der Wille zur Macht, mit theoretisierenden Phrasen zu überkleistern suche. Woran ich rühre, das ist einzig und allein der Satz vom Widerspruch, der, so engbrüstig und pedantisch er sich auch ausnehmen mag, doch den ganzen Umkreis der Wirklichkeit gebieterischer umspannt als so manche Gemütsbedürfnisse, die ihn gerne beseitigen möchten; auch Apollon und Dionysos sind gleichermassen seiner Herrschaft unterworfen. Ein unauflöslicher, untilgbarer Widerspruch bleibt es aber sicherlich, auf der einen Seite eine unendliche Zeitreihe zu fordern, in der die Sehnsucht nach dem Übermenschen immer wieder Nahrung finden soll, auf der anderen Seite aber die Linie, anstatt sie ins Unendliche weiterzuführen, in einer Kreisbahn zu ihrem eigenen Ausgangspunkte zurückkehren und immer wieder von neuem um das gleiche Zentrum sich bewegen zu lassen. Man kann dieser Schwierigkeit auch nicht damit abzuhelfen versuchen, dass man von einer Unendlichkeit mehrfachen Grades spricht. Eine Unendlichkeit, die sich unendliche Male wiederholt, ist eine Negation, die nochmals negiert wird. Unsere Einbildungskraft besitzt kein Schema für die Anschauung der Ewigkeit; sie kann bloss indirekt erfasst werden als das, was nie zu Ende zu bringen ist. Fällt diese fundamentale Bedingung weg, wie bei der Annahme einer Wiederholung angeblich unendlicher Zeitreihen, so kann von Ewigkeit und Unendlichkeit nicht mehr gesprochen werden. Aber nicht nur diese mathematische Einkleidung und der in ihr versinnbildlichte logische Widersinn, auch eine kurze moraltheoretische Erwägung wird uns zu demselben Ergebnis führen. Was dem Gedanken der Entwicklung als treibendes agens zugrunde liegt, ist vor allem das Bewusstsein zu neuen Denkformen oder Seinsformen zu gelangen, und das nirgends ausgesprochener als in der Idee des Übermenschen, der eben die Negation und Überwindung alles Daseienden und Dagewesenen bedeutet. Gerade das hohe Pathos dieser Idee geht vollständig verloren, wenn wir ihr gleichsam als Nachsatz oder als Kommentar die triste Wendung anhängen, es gebe nichts Neues unter der Sonne. Der mystische Zauber des Unbekannten und Unerforschten ist es, der den Menschen antreibt, vor sich zu schauen und über sich hinauszuschaffen. Man denke sich nun aber, dass all dies schon unzählige Male da war und noch unzählige Male da sein wird. Und konsequentermassen nicht bloss der Aufstieg zum Übermenschen, sondern auch der Abstieg zu den Vielzuvielen. Was uns zu jenem begeistern könnte, ist das Gefühl des eigenen Wertes, der Anteil, den wir an ihm erhalten, wenn wir uns in voller Aktivität zu ihm erheben. Diese Aktivität ist aber unwiederbringlich eingebüsst, wenn es im Laufe der Gestirne vorgezeichnet ist, dass und wann uns der grosse Wurf gelingt. Er ist eine Art kosmischer Fatalismus, der in diesem Gedanken der ewigen Wiederkunft Ausdruck findet. Der Übermensch als Ereignis und der Übermensch als Zufall: das sind die beiden unvereinbaren Gegensätze, vor die wir uns gestellt sehen, wenn wir aus beiden Anschauungen die unvermeidlichen Konsequenzen ziehen. Was bleibt aber für ein Ausweg, wenn man dies erkannt hat und auf jeden aussichtslosen Versuch einer mit unzulänglichen Mitteln unternomenen Ehrenrettung verzichten will? Das eine oder das andere dogmatisch zu eliminieren, den Philosophen in Bausch und Bogen zu verwerfen, oder mit halb verschlossenen Augen liebend vorbeizugehen? Man muss sich hier der Mahnung erinnern, auf die ich früher mich bezogen habe und die Nietzsche selber mit Vorliebe zu betonen pflegt: dass der Philosoph zuerst Persönlichkeit und dann System sei, sodass, was zum System nicht taugt, doch für die Persönlichkeit wichtig und von Interesse sein kann. Kein Individuum aber ist eine für sich abgeschlossene Einheit, die hermetisch gegen die Einflüsse anderer Individuen abgeschlossen wäre. Zwei Seelen wenigstens, die um den Vorrang kämpfen, sind in jedem Menschen vereinigt. Auch im abstrakten Denken laufen ihre Sphären zusammen, und was resultiert, ist oft eine seltsame Mischungsform und manchmal ein offenkundiger Widerspruch. Daher ist es wohl fraglich, ob wir auf dem rechten Wege sind, die geistige Physiognomie einer Persönlichkeit zu erfassen, wenn wir die physische Identität überall auch in eine psychische zu verwandeln suchen. Wir sind allerdings geneigt, in der Beurteilung unserer Mitmenschen nach einem festgelegten Schema zu verfahren und vor allem, was nicht zur Personalbeschreibung stimmt, hartnäckig die Augen zu verschliessen, aus praktischen Gründen der Homiletik, die freilich auch auf das theoretische Gebiet hinüberwirken; es ist eben leichter, mit einem als mit vielen fertig zu werden. Daher die ängstliche Scheu der Zunftgelehrten vor jenen psychologischen Doubletten, die man immer von zwei Seiten besehen muss und deshalb so schwer klassifizieren und rubrizieren kann. Wenn wir aber nicht den Interessen der Zunft, sondern der Philosophie Rechnung tragen, darf uns das bischen Mehrarbeit nicht irre machen. Im Widerspruch und nicht in der Einheit des Seins manifestiert sich die Persönlichkeit.

II. Die ewige Wiederkunft des Gleichen als kosmologisches Problem

Bevor ich im folgenden daran gehe, die Anwendung auf Nietzsche zu versuchen, um das logische Defizit, das früher zu verzeichnen war, durch einen reichlichen psychologischen Profit auszugleichen, muss ich die Frage erledigen, ob die Idee der ewigen Wiederkunft losgelöst aus ihrem besonderen Zusammenhang nicht ein Existenzrecht besitzt, das ich ihr dort abstreiten musste, umsomehr, als dieser Seite des Problems ihre eminente Bedeutung für eine vorwiegend praktische Betrachtung der Welt nicht genommen werden kann. Wir müssen hier wieder zweierlei auseinanderhalten, eine kosmologische und eine psychologische Analyse. In jener fragen wir, ob sich aus den objektiven Daten der Erfahrung die in Erwägung gezogene Annahme konsequent ableiten lässt. Diese soll uns über das Verhältnis zu den Voraussetzungen unserer psychologischen Existenz Aufklärung schaffen. Der kosmologischen Betrachtung schicke ich eine kurze historische Übersicht voraus. Auch die Idee der ewigen Wiederkunft des Gleichen hat ihre Geschichte. Es liegt allerdings im Wesen des behandelten Problems, dass die lange Reihe dieser historischen Voraussetzungen nicht etwa ein stetiges Continuum bildet, sondern einen häufig intermittierenden und stellenweise rekonstruierbaren Zusammenhang. Ausserdem kann von keinerlei Entwicklung, von keinerlei Entfaltung der ihm immanenten Bestimmungen die Rede sein. Denn es besteht kein Mannigfaltiges von Teilen, die in ihm einheitlich enthalten sind. Der Inhalt der Idee setzt sich nicht aus Elementen zusammen, die untereinander in verschiedener Art verknüpft werden könnten. Er ist unzweideutig und einfach. Die historischen Bemerkungen wollen deshalb nicht seine Entstehungsart verfolgen und ihn in die bildenden Faktoren auseinanderlegen, sondern alle ähnlichen Konzeptionen, die sich zerstreut in der Geschichte der Spekulation vorfinden, ins Auge fassen, das Mass ihrer Ähnlichkeit feststellen, aber auch die hier schwer vermeidlichen Verwechslungen fernhalten. Nietzsche selber hat niemals Anspruch auf Originalität erhoben. Schon in seiner Erstlingsschrift sucht er nach Anknüpfungspunkten in der antiken Philosophie und findet sie bei den Pythagoräern und Stoikern. Man muss allerdings vorsichtig sein und darf sich nicht durch mehr oder weniger weitgehende Analogien täuschen lassen. Es gibt in den meisten methaphysischen Seelenlehren, besonders in den religiösen eschatologischen Systemen Anklänge an die Nietzsche'sche Idee, ohne dass im entferntesten eine Identität in der Formulierung und Begründung obwalten möchte. So ist auch in der stoischen Philosophie die Wiederholung der einzelnen einander vollkommen gleichenden Weltperioden an die Vorstellung des Weltunterganges, der ἐκπύρωσις geknüpft. Dasselbe gilt für die aus dem arischen Urquell geflossene Eschatologie des germanischen Mythus mit seiner einer stetigen Läuterung unterworfenen Stufenfolge von Götterwelten. Aber hier, ebenso wie überall, wo die Perioden inhaltlich voneinander differieren, sei es, dass Varianten eintreten, sei es, dass die analogen Vorgänge auf höherer Basis sich wiederholen, handelt es sich lediglich um äussere Ähnlichkeiten. So steht der Seelenwanderungsglaube des ägyptischen Kultes und in philosophischer Durchbildung innerhalb der indischen Theosophie in ganz loser Beziehung zu dem Objekt der vorliegenden Untersuchung. Auch die mit spekulativem Scharfsinn unternommenen Erneuerungen dieser Anschauungen bei Schopenhauer und später bei Eduard von Hartmann können ihm im Prinzip nicht näher kommen. Unter anderem bedienen sich die gnostischen Theorien zuweilen ähnlicher Symbole, die auf eine geistige Verwandtschaft schliessen lassen möchten. Doch hält sich die Analogie auch hier bloss an der Oberfläche. Die materielle Realität wird als Emanation und gleichzeitig als Vergröberung des göttlichen Prinzipes gedacht; der Kreislauf des Geschehens und hiermit der sittliche Zweck des Erdenlebens vollendet sich in der Reinigung und Erhebung der Seele zum göttlichen Urwesen. Der erste grosse Denker des Mittelalters, Scotus Erigena, vertrat eine diesen Spekulationen in manchen Momenten gleichkommende Lehre, sofern auch er das Ziel des Weltprozesses in der Rückkehr der von Gott geschaffenen natürlichen Wirklichkeit zum Schöpfer erblickte, ohne freilich von einer Erneuerung dieses Kreislaufes und der periodischen Wiederkehr derselben Erscheinungen zu sprechen. Was nun alle diese Theorien unbeschadet ihres sonstigen Charakters prinzipiell von Nietzsches ewiger Wiederkunft des Gleichen scheidet, ist der Umstand, dass sie eingestandenermassen von metaphysischen Voraussetzungen ausgehen, deren Beweisfähigkeit, deren Wahrheitsgehalt oft gar nicht zum Gegenstande einer besonderen Untersuchung gemacht wird, während jene auf rein empirischen Argumenten basieren und den Bereich des empirisch Vorhandenen gar nicht überschreiten soll, soviel wir wenigstens aus den gerade in diesem Punkt spärlichen Andeutungen ersehen können, mit denen Nietzsche das dunkelste aber auch vielsagendste Element seines Schrifttums versehen hat. Man könnte vielleicht mit mehr Recht an den Denker erinnern, dessen wenn auch ganz indirekter und vielfach unbewusst gebliebener Einfluss auf unsern Philosophen man überhaupt in unsern Tagen, wo in verkehrter Proportion mit der Masse des oft kritiklos kompilierten Materials, die Unterschiedsempfindlichkeit, der analytische Spürsinn im allgemeinen erschreckend abnimmt, zu unterschätzen geneigt ist, an Friedrich Hegel. Das Wesen und der Wert des Widerspruches, die Latenz des Widerspruches und sein Sichtbarwerden in der Welt konkreter Phänomene hat der Antimoralist Nietzsche oft mit überraschender Annäherung an das unserem geschichtlichen

Gesichtswinkel längst entrückte Original entwickelt. Der Historismus, das will sagen, die unbegrenzte Wandlungsfähigkeit der Begriffe ist die fundamentale Voraussetzung, auf der er sein Wertgebäude errichtet. Überhaupt ist ihm mit dem grossen Logiker der dynamische Charakter der Lehre gemeinsam, der sich vor allem auch in dem Gedanken der ewigen Wiederkunft manifestiert. Ihr entspricht am deutlichsten der Kreislauf der Hegelschen Idee von der Substanz zum Subjekt und von da wieder zum Ausgangsorte, wo von neuem dasselbe Spiel anhebt. Es ist eine ewige Wiederkehr identischer Bestimmungen im Bereich des abstrakten Denkens, das allerdings nicht vom Zeitfaktor affiziert erscheint. Die kosmologische Seite des Problems, die Nietzsche am nächsten gelegen sein musste, ist damit noch in keiner Art berührt und die exakte Forschung ist noch gar nicht zu Worte gekommen. Sie ist auch von Anfang an ausserordentlich wenig an der Diskussion beteiligt gewesen. Einer Theorie darf man noch gedenken, die mehr im ebenberührten Sinne eine Physik als eine Metaphysik jener Idee zu geben sucht, sie aber wesentlich modifiziert und ohne die ethische Färbung, die sie beim Verfasser der Zarathustra so unverkennbar zur Schau trägt, zur Geltung bringt. Sie ist von Friedrich Überweg aufgestellt, dem in unsern Tagen beinahe nur noch als Geschichtsschreiber der Philosophie gekannten und gelesenen Denker. Nach ihm gibt es bestimmte Perioden des kosmischen Geschehens, die alle dadurch charakterisiert sind, dass an ihrem Ende die umlaufenden Himmelskörper zum Zentralgestirne zurückkehren, es wiederholt sich dann in grossen Zügen derselbe astrophysische Vorgang aber in immer mächtigeren Dimensionen. Was hier gleich bleibt, ist naturgemäss bloss ein äusserliches formales Moment, gleichsam die Umrisse des Schauspieles, nicht die einzelnen Bestandstücke, in die es sich zergliedern lässt. Weitere Aufklärungen kann uns die Astronomie nicht geben. Die Idee der ewigen Wiederkunft ist nicht empirisch, nach den Daten der Erfahrung, zu verwerfen oder zu begründen. Sie müsste, um Glauben zu finden, um Glauben zu erzwingen, wie die mathematischen Theoreme apodiktisch aus einem obersten Prinzipe abgeleitet werden. Es muss also, wo Induktion und Beobachtung gleich sehr versagen, die spekulative Erörterung in ihre Rechte treten.

Fragt man nach dem Wahrheitsgehalt derartiger Spekulationen, so kann die Antwort wenig ermutigend lauten. Zunächst bedarf der Begriff der Unendlichkeit einer näheren Analyse. Denn dieser ist es, von dem Nietzsche, wenn auch ohne es deutlicher zu betonen, ausgeht. Die logische Begründung und Ableitung des Begriffes, die mannigfaltigen Anfechtungen, die er von verschiedener Seite erfahren hat, können im Rahmen dieser Studie keinen Platz finden. Ich rechne hier mit ihm als einem kritisch beglaubigten Faktor, dessen diesmalige Anwendung uns bloss interessiert und nicht etwa sein Wert für die Auffassung der inneren und äusseren Wirklichkeit. Denn um es noch einmal hervorzuheben, von allen erkenntniskritischen Untersuchungen hält sich diese Abhandlung zu gunsten psychologischer Betrachtungen allgemeiner Natur entschieden fern. Ich will also die Möglichkeiten in der Formulierung des Problems der Reihe nach durchgehen und die mit Notwendigkeit sich daraus ergebenden Konsequenzen prüfen, ohne ihre Voraussetzungen auf ihre theoretische Berechtigung zu untersuchen.

Raum, Zeit und Materie sind die konstituierenden Bestimmungsstücke des kosmologischen Problems, das logische Coordinatensystem, an dem wir uns für unsere Aufgabe zu orientieren haben.

1. Denkt man den Raum, die Zeit und die Materie als unendlich, so ergibt sich nie die Notwendigkeit, das natürliche Geschehen als ein kreisförmig in sich zurückkehrendes vorzustellen, das durch eine lange Kette von Ursachen und Wirkungen hindurchgehend, schliesslich von neuem in sein Anfangsstadium tritt, woraus mit derselben Bestimmtheit, mit der sich der Schlusssatz aus seinen Prämissen ergibt, die folgenden Zustände der ersten Succession sich unverändert entwickeln sollen. Die Unendlichkeit der Materie verbürgt eine unendliche Möglichkeit von wechselseitigen Kombinationen ihrer Elemente, die durch keine noch so lange Dauer erschöpft werden können. Mit diesen Voraussetzungen verträgt sich die Idee der ewigen Wiederkunft nicht, sie fällt im Gegenteile vollständig aus ihrem Rahmen heraus. Man müsste nur zu einer in sich selber quantitativ abgestuften Unendlichkeit die Zuflucht nehmen und für die Zeit eine höhere Potenz beanspruchen als für die in ihr kontinuierlich die verschiedenen Momente der Entwicklung durchlaufende Materie. Da dies aber eine Vergleichung verschiedener Unendlichkeiten verlangt, jede Vergleichung ein gemeinsames Mass benötigt und dieses Mass endlich sein müsste, damit sich der menschliche Intellekt messend seiner soll bemächtigen können, auf welchem Wege aber doch wiederum nur endliche Grössen vergleichbar sind, so ergibt sich das völlig Illusorische dieses Versuches. Es ist eben für den Begriff des Unendlichen charakteristisch, dass er prinzipiell die Anwendung eines endlichen Masses ausschliesst. In dieser Negation ist sein ganzer Inhalt enthalten und sein Umfang umschrieben. Da ist

kein Raum für Gradationen und Abstufungen. Es gibt begrifflich bloss eine Unendlichkeit, wie es nicht mehr als eine Verneinung gibt.

2. Nimmt man für das Weltgeschehen Anfang und Ende, also eine innerhalb bestimmter Grenzen eingeschlossene Zeitreihe an, so ist konsequent mit dem Begriff der Ewigkeit jeder Annahme einer ewigen Periodicität des Geschehens der Boden entzogen.

3. Hält man die Materie für endlich, sei es, dass man dieses Prädikat auch dem Raume zuspricht oder dass man der Kantischen Anschauung und der modernen Energetik entgegen an der Existenz des leeren Raumes festhält und damit an einer quantitativ unbegrenzten, bloss zum Teile aber materiell erfüllten Realität, so hat es den Anschein, als ob in dieser Art eine ewige Wiederkehr der gleichen Reihen des phänomenalen Geschehens, sobald man die Zeit unendlich denkt, ermöglicht, wo nicht sogar postuliert werde. Doch verhält es sich in Wirklichkeit auch hier anders. Die Hypothese, dass in einem zählbaren Quantum die Totalität der Materie enthalten sei, setzt voraus, es müsse wenigstens physisch, objektiv nicht unmöglich sein, den Umkreis des materiell Daseienden zu durchlaufen und die Reihe numerisch fixierbar zum Abschlusse zu bringen. Damit ist aber noch nichts über die in der entgegengesetzten Dimension sich ergebenden Grenzwerte gesagt. Wie weit hier die unermüdlich fortgesetzte Teilung führt, wie weit sie führen kann, ob mit dem unendlich Grossen auch das unendlich Kleine der Ausschaltung verfallen ist, ob die in den beiden Richtungen unternommenen Operationen sich demselben Erfahrungsganzen, denselben Gesetzmässigkeiten unterordnen, sind Probleme, über die noch nichts entschieden ist. Hier liegen Anschauung und Begriff in hartnäckiger Fehde. Denken wir uns auch einen Komplex von Elementen, die sich sogar für die unseren Sinnesapparaten adäquaten Instrumente einer weiteren Teilung entzögen, so bleibt doch noch immer eine wieder ins Unendliche summierbare Reihe von Möglichkeiten anderer Organisationen denkbar, für die die angegebene Schranke nicht existiert. So wird die Unendlichkeit, die für die Anschauung beseitigt war, durch das begriffliche Denken restituiert. Es mag eingeräumt werden, dass unter diesen Voraussetzungen die Existenz des unendlich Kleinen hypothetisch bleibt und weder nach der positiven noch nach der negativen Seite hin aus der reinen von metaphysischen Zusätzen ungetrübten Erfahrung darüber eine Entscheidung abgegeben werden kann.

Anders verhält es sich schon, wenn man diese Sphäre verlässt und an Stelle der Methode blosser Beschreibung die einer Erklärung

der Phänomene aus Faktoren, die nicht empirisch gegeben sind und in
keine sinnliche Erfahrung eingehen, setzt. Sowie man eine Interpretation
des Gegebenen auf atomistischer Basis versucht, nicht etwa lediglich
im Rahmen einer materialistischen Weltanschauung, die den geistigen
Inhalt der Wirklichkeit in blossen Schein verflüchtigen möchte, sondern
als naturphilosophische Konstruktion, die eine eindeutige Zuordnung aller
Phänomene zu kleinsten, bloss begrifflich bestimmbaren Elementen versucht, dabei aber deren reale, qualitativ so reich differenzierte Existenz
unangetastet lässt, erhält man nicht mehr als schwankende Hypothese,
sondern mit apodiktischer Notwendigkeit das Atom, das Einheitselement
der Materie als Zielstation eines unendlichen Regresses, dessen sämt-
liche Glieder in keiner möglichen Erfahrung Platz finden können. Da nun
alles aussenweltliche Geschehen auf dem Boden dieser Naturerklärung
seine begriffliche Bestimmtheit erst durch die Beziehung auf das metaphysische Coordinatensystem der Atome gewinnt und deren gegenseitige
Relationen unzähliger Kombinationen fähig sind, so muss auch die von
ihnen abhängig zu denkende Reihe des phänomenalen Seins ins Unendliche
verlängert werden können. Gesetzt aber auch, der mechanische Naturlauf
erschöpfe nach einer bestimmten Zeit alle Möglichkeiten der Veränderung
und kopiere dann getreulich sein eigenes Vorbild, dann die Kopie und so
fort ins Unendliche, so taucht ein neues Problem vor uns auf, das der
Lehre von der ewigen Wiederkunft des Gleichen unüberwindliche Schwierigkeiten bereitet, wenn sie auf dem soliden Boden einer kosmologischen
Betrachtung Fuss fassen und nicht bloss als ein blendendes, auf den ersten
Blick bestechendes, aber theoretisch nicht weiter zu berücksichtigendes
Aperçu gelten will. Es ist das Hauptproblem des psychophysischen
Parallelismus, die Entdeckung der konstanten Beziehung zwischen ner-
vösen und psychologischen Vorgängen. Der Materialismus wollte einmal
triumphierend das Geheimnis enthüllt haben, es sollte den Schlüssel nicht
bloss zu einer innerhalb festgesetzter Grenzen verwertbaren Hypothese,
sondern zum Verständnis aller Wirklichkeit selber bieten. Die exakte
Psychologie wusste sich besser zu bescheiden; aber auch in dieser Be-
scheidung gewann sie nur spärlich an dominierendem Terrain. Wir haben
noch nicht viel über die konstante Zuordnung der psychologischen Erlebnisse zu unserer physischen Existenz erfahren, vor allem über die eindeutige Beziehung beider Gebiete zueinander. Wenn also dieselbe zentrale
Disposition mit einer Mehrheit innerer Zustände und Vorgänge parallel-
laufen kann, und diese Möglichkeit steht noch offen, so ist es, selbst unter
der derzeit noch unerwiesenen Voraussetzung, dass der in Rede stehende

Parallelismus überhaupt keine Ausnahme gestattet, keineswegs erlaubt, von den zukünftigen Stadien des materiellen Geschehens auch das Schicksal des Geistes in Abhängigkeit zu setzen. Die ewige Wiederkehr der physischen Elemente schleift diesen nicht mit Notwendigkeit in die Rundbahn kosmischer Kreisgänge. Andererseits aber ist es unmöglich und ein völlig phantastisches Unternehmen, mit Beiseitelassung aller auf das physikalische Gebiet sich richtenden Erwägungen etwa auf dem Wege der descriptiven und introspektiven Psychologie zu der mystischen Offenbarung einer ewigen Wiederkunft des Subjektes und mittelbar auch aller in ihm und ausser ihm sich abspielenden Phänomene zu gelangen. Dies wäre ein logisch nicht zu rechtfertigendes Beginnen. So türmt sich ein Wall unwiderleglicher Einwände dem Nietzscheschen Postulate entgegen, das Sein und Werden gleichsam in einer neuen Form vereinigen wollte und die Wirklichkeit über sich hinauszuführen versprach. Wollte ich bereits hier auf Grund einer von rein logischen Erörterungen bestimmten Beurteilung der Lehre von der ewigen Wiederkunft deren völlige Wertlosigkeit behaupten und auf jede weitere auf sie Bezug habende Darlegung verzichten, so verdiente ich vollauf den Vorwurf doktrinärer Einseitigkeit, den ich allerdings dort mit Energie zurückweisen durfte, wo es darauf ankam, an die Schöpfungen des Philosophen überhaupt den Masstab des begrifflichen Denkens anzulegen und nicht etwa seinen blendenden Intuitionen das Recht zuzugestehen, wo sie vollen Wirklichkeitswert beanspruchen, sich über jenes hinwegzusetzen. Meine Kritik zeigt eben, dass deren Wurzeln anderswo zu suchen sind als in der Sphäre kühler verstandesmässiger Reflexionen.

III. Der Übermensch als evolutionistisches Problem

So führen uns logische Erwägungen in das Gebiet der Psychologie. Sie lehren uns gleichsam von innen heraus zu begreifen, was sich als fehlerhaft erweist in seiner Anwendung auf das objektive Geschehen. Die Frage, an die ich nunmehr rühre, lautet nicht mehr: Was leistet die Idee der ewigen Wiederkunft als metaphysische Hypothese, als ontologisches Hilfsmittel, um der empirischen und der unerfahrbaren Realität näher zu kommen, sondern mit einer entschiedenen Umlegung ins subjektiv Psychologische: Was gab Nietzsche den Anstoss zur Konzeption dieses Gedankens, ganz abgesehen von den erkenntnistheoretischen Cautelen, die er ihm zu bieten oder nicht zu bieten vermochte, was für ein Zusammenhang besteht zwischen ihm und den ethischen Anschauungen, die der Philosoph sonst vertrat? Ich frage nach einem intimeren Zusammenhang, nicht bloss nach einer äusseren Vereinbarkeit verschiedener Theorien. Die Antwort wird daher gleichsam nach zwei Seiten hin Front machen müssen. Sie muss zunächst dem Widerspruch auf den Grund kommen, den ich oben aufgezeigt habe und der zersetzend auf das ganze System, sit venia verbo, wirken müsste, wenn es ihr nicht gelänge, die höhere Verbindung zwischen den scheinbaren Gegensätzen herzustellen. Sie muss diese Verbindung nicht bloss als möglich, als denkbar charakterisieren, sondern vor allem deren Prinzip erkunden und seinen Wert an feststehenden Kriterien erhärten. Ich habe gezeigt, dass zwischen der Lehre vom Übermenschen und der Lehre von der ewigen Wiederkunft des Gleichen ein Widerspruch existierte, solange man sich jeder von ihnen gegenüber bloss dogmatisch und noch nicht kritisch verhielt. Den Übermenschen konnte man nicht ohne weiteres preisgeben, denn man war von Anfang an gewohnt, in ihm den Kristallisationskern aller Gedanken des Philosophen zu sehen, die gleichsam nach diesem idealen Mittelpunkte tendierten. Andererseits glaube ich, überzeugend dargelegt zu haben, dass die Lehre von der ewigen Wiederkunft ein ebenso prinzipielles Element bildet, das man nicht, um die Einheit des ganzen Ideenganges wenigstens äusserlich zu retten, beiseite schieben und ignorieren durfte. Ebenso ist es unmöglich, den Widerspruch abzuschwächen oder etwa gar durch das Argument zu beseitigen, dass auch die Behauptung einer ewigen Wiederholung derselben Vorgänge, der organischen Entwicklung einen weiteren Spielraum gewähre und der Erhebung auf das Niveau des Übermenschen kein Hindernis entgegensetze. Das hiesse, den Sinn dieses Postulates, wie ich es früher zu analysieren unternahm, so vollständig als nur möglich missverstehen. In ihm liegt eben bloss der Hinweis auf ein immerwährendes Sollen, auf eine immerwährende Zukunft. Nicht dies oder jenes Grosse soll man realisieren, auf dass der Übermensch mit Haut und Haaren aus der üppigen Weide des Herdentieres hervorwachsen mag, sondern eben dies: dass man immer wieder über sich hinausgehen und den Übermenschen verwirklichen will, ist das Grosse. Der Übermensch ist daher gar nicht nach Analogie der lebenden Menschheit zu denken, also bloss mit reicheren Organen versehen und einer gesunderen Konstitution begabt, die ihn vor den vielen Inkommodierungen des homo sapiens bewahrt. Er ist kein Bild aus Stein oder Erz, das über den Wolken thront und zu aeronautischen Experimenten auffordert. Es ist überhaupt kein Objekt, das in konkreter Anschaulichkeit gedacht werden kann und das eine adäquate sinnliche Erscheinungsform besitzt, sondern ein Symbol, eine Kategorie des sittlichen Denkens und Wollens. Er ist keine Zukunftsmöglichkeit, die der Realisierung harrt, kein substanzielles Sein, sondern, um es noch einmal zu sagen, eine psychologische Funktion. Solange der Mensch auf offenem Ozeane nach dem fernsten Strande die Anker wirft, besteht der Übermensch; in dem Augenblicke aber, in dem er wirklich landen wollte, müsste er sich in eine wesenlose Illusion verflüchtigen. So ist der Übermensch nur in der Zukunft und stets von neuem in der Zukunft zu suchen, er ist sozusagen identisch mit der Zukunft, so lange man in dieser lediglich die Überwindung, nicht die Fortsetzung der Gegenwart erblickt. Vor der unendlichen Möglichkeit der Entwicklung, dem bloss normalen Moment des Werdens, tritt das Objekt der Möglichkeit ganz in den Hintergrund. Glaubt man vielleicht, dass der Übermensch bloss der reiche Erbe sei, der sich von seinen uneigennützigen Vorfahren das Haus bereiten liess und nunmehr den triumphierenden Einzug hält, um mit müssig verschränkten Armen die imposante Schöpfung von Jahrtausenden zu betrachten und im dionysisch stolzen Bewusstsein, selber den Endzweck dieses unermesslichen Kraftaufwandes zu repräsentieren, seinen Herrenrausch gründlich auszuschnarchen? Dieser Übermensch würde dem letzten Menschen zum Verwechseln ähnlich sehen. Er hat keine Zukunft und keine Sehnsucht darnach. Die erbgesessene Trägheit will nur Musse haben, behaglich verdauen zu können. Im Übermenschen wollte Nietzsche alle Vergangenheit aufheben und die Zukunft schaffen, so aber kämen wir zu einem Übermenschen, in dem nichts Zukunft ist und alles Vergangenheit. Der Übermensch, das heisst der Wille zum Übermenschen, darf also theoretisch auf keine Schranken stossen, denn eben die Schrankenlosigkeit ist sein Postulat und sein Gesetz. Wir wollen; ob wir können, bleibt fraglich, aber wir können wollen. Diese Möglichkeit darf uns nicht genommen und nicht verkürzt werden. Wir entringen uns dem Historismus, wir verleugnen unsere historische Abkunft, unser Milieu, indem wir uns nach dem Übermenschen, nach der aktuellen Unendlichkeit unserer Fähigkeiten und Kräfte sehnen. Wir lassen diese Sehnsucht, die ins Unbegrenzte strebt, aber wieder das Medium des Historismus passieren, wenn wir ihr durch die Lehre von der ewigen Wiederkunft Schranken setzen wollen.

Man wird gegen diese Auffassung des Übermenschen vielleicht Protest erheben, nicht so sehr, weil man in ihr eine willkürliche Entstellung von Nietzsches Anschauungen erblickt, als um der vermeintlichen Zwecklosigkeit einer Entwicklung willen, die, wo sie ins Unendliche schweift, doch im Sande verlaufen muss. Wenn das Streben nach dem Übermenschen bloss in der Negation der existierenden Menschheit besteht, so verwandelt sich alles ethische Wollen und die daran sich schliessenden Versuche der Realisierung in eine rastlose Flucht von Phänomenen, denen es ganz an der festen Basis des inhaltlich klar ausgeprägten ethischen Ideales mangelt. Konnte diese Auffassung im Sinne Nietzsches gelegen sein, kann sie überhaupt einer sittlichen Anschauung als begriffliche Unterlage dienen? Denn eben das, wonach das moralische Bewusstsein ringt, wenn es sich der Unmittelbarkeit dunkler Emotionen, dem Gefühlschaos entzieht, die Erkenntnis des Ideales, der Begriff des Ideales, der den Inhalt seines Wollens der veränderlichen Elemente persönlicher Stimmungen, Meinungen und Bedürfnisse entkleidet, der es denkbar werden lässt und ihm deshalb allgemein Anerkennung schafft, geht verloren oder verfliegt in den blassen Nebeln haltloser Abstraktionen, wo das Gute bloss als Negation des jeweilig Bestehenden gelten kann, wo der Übermensch dem Menschen täglich und stündlich das Todesurteil verkünden soll. Es kann sich aber, wie des ausführlichen gezeigt, die ethische Bestimmung der Menschheit nicht in der zeitlich und örtlich determinierten Existenz des Übermenschen offenbaren, sondern lediglich in dem immer neuen Streben, zum Übermenschen zu gelangen. Sie fordert also nicht den Rechnungsabschluss in diesem oder jenem Idealzustande, sondern die permanente Relation zwischen Gegenwart und Zukunft. Um dem Satz einen strikt mathematischen Ausdruck zu geben: Das zeitliche Moment darf niemals punktuell, sondern muss stets linear als ein Continuum von Punkten betrachtet werden. Diejenigen, die über die Brücke gehen, sind die moralischen Menschen, nicht die anderen, die am diesseitigen oder jenseitigen Flussufer müssig zusehen. Der „Pfeil der Sehnsucht" ist das Pathos des sittlichen Wollens, der Pfeil im Fluge, ganz einerlei, wie geübt die Hand war, die den Bogen spannte, wo das Ziel sich befand, das er erreichen konnte. Für die Moral gibt es kein Hüben und Drüben; es gibt bloss einen Weg, der hinüber führt, ohne dass sich Anfangs- und Endstadien lokal fixieren liessen, der immer wieder von Etappe zu Etappe führt. Der Übermensch ist ein Postulat in Permanenz.

Aber ein Imperativ, der bloss verneint, scheint das Menschenleben nicht um moralische Güter bereichern zu können. Abgesehen davon, dass er in dieser Form den Charakter eines Verbotes annimmt, das im allgemeinen seiner Bestimmung nach an die Furcht vor der Strafe, also an eine durchaus unsittliche Triebfeder appelliert, ist er selber viel zu vage und unbestimmt, um leitende Maximen und untrügliche Kriterien für die moralische Beurteilung zu gewähren. Die blosse Negation lässt unzählige positive Möglichkeiten offen, in ihr allein liegt noch kein Massstab für eine zweckmässige Auswahl oder gar für die selbständige Schöpfung einer neuen dem Ideal entsprechenden Wirklichkeit. So führt die Lehre vom Übermenschen, konsequent gedacht, ihre eigenen Anhänger ad absurdum. Sie schöpfen aus grundlosen Tiefen und das eherne Gesetz der moralischen Notwendigkeit, dem sie sich beugen, hat in Wahrheit der Dämon des Zufalles geschmiedet. Die Rastlosigkeit des Naturgeschehens, das nirgends ein Sein, überall ein Werden enthüllt, will sich hier auf die geistige Sphäre projizieren und erhebt die Ziellosigkeit zum Ziel, das begrifflich nicht zu erfassende Wechselspiel des Entstehens und Vergehens zum Inbegriff der ethischen Zwecke.

Indessen, diese hier beiläufig angedeutete Kritik meiner Erörterungen wird uns, weit davon entfernt, auf Irrpfade zu locken, als sicherster Wegweiser in das Zentrum der Nietzsche'schen Weltanschauung führen. Doch was das wesentliche ist, sie wird uns lehren, eben um den Widersprüchen und Paradoxien zu entgehen, die ich oben berührt habe, Nietzsche tiefer aufzufassen, als er sich manchmal vielleicht selber aufgefasst haben wollte, und besonders die angeblich so intime Beziehung zwischen seiner Philosophie und der in ihrer Anwendung auf die Ethik oft so kläglich versagenden Descendenztheorie zu lockern. Der Vorwurf, der sich oben gegen den Übermenschen als ein inhaltleeres Produkt der Einbildungskraft richtete, das weder in der Theorie noch in der Praxis fruchtbare Verwendung finden könne, ist freilich gerechtfertigt, solange man dogmatisch die Einkleidung beibehält, nach der Übermensch und Zukunftsentwicklung identische Begriffe sind, oder doch unabhängig voneinander keinerlei Bestand besitzen. Demnach scheint das vorläufige Ergebnis meiner ganzen langwierigen Deduktion in Frage gestellt. War es nicht eben die hier als unhaltbar kritisierte Identifizierung, auf die ich geraden Wegs lossteuerte? Heisst es nicht wieder, bei Erreichung des Hafens, gewaltsam den Kurs ändern, will man in der gewonnenen Formel eine Reihe öder Tautologien, ein inhaltsloses Spiel mit Begriffen sehen? Zunächst kann man die Frage erheben, ob das im früheren eingehaltene Verfahren wirklich innere Berechtigung besitzt. Ich habe dort gegen die Auffassung Protest erhoben, als handelte es sich Nietzsche in der Konzeption des Übermenschen um eine bestimmte, inhaltlich und zeitlich in festen Daten fixierbare Reform, mit deren Durchführung

Der Übermensch als evolutionistisches Problem.

der in Rede stehende Begriff eine den ganzen Umkreis seiner Bestimmungen erschöpfende praktische Anwendung gefunden hätte. Der Übermensch ist nichts, das sich da und dort realisieren liesse. Der Übermensch ist überhaupt nicht realisierbar. Was in die empirische Realität tritt, ist bloss das Streben, zu ihm zu gelangen. Es heisst, Nietzsche auf das Niveau eines sozialpolitischen Agitators herabsetzen, will man in seiner Lehre nichts sehen, als ein Mittel provisorischer Abhilfe gegen die im Boden der Gegenwart wuchernden kulturellen Schäden. Er suchte mehr, weit mehr als dies: es galt, einen gemeinsamen Ausdruck zu finden für die moralische Bestimmung der Menschheit überhaupt, für ihre Bestimmung zu Moral oder Unmoral. Daher ist der Übermensch nichts Konkretes und nichts Greifbares. Es ist nicht sein Mangel, wie vielleicht eifrige Tagespolitiker glauben mögen, sondern sein Stolz, dies nicht zu sein. Man muss sich zuerst alle salbungsvollen Traktätlein der „positiven Ethik" aus dem Kopf geschlagen haben, um in diese Region vorzudringen. Es gibt keinen Dekalog und kein bürgerliches Gesetzbuch der Herrenmoral. Der Übermensch ist nichts, das zwischen Tür und Angel steht und mit einem grösseren oder geringeren Aufwand physischer oder geistiger Kraft zu erreichen wäre: Der Übermensch ist die permanente Möglichkeit der Entwicklung.

Damit habe ich freilich, wie erwähnt, einen dornenvollen Pfad betreten. Auf der einen Seite musste ich den Begriff des Übermenschen bis zu einem Punkte führen, wo er zu der Idee der ewigen Wiederkunft in einen unlösbaren Widerspruch trat, der die Einheit der Nietzsche'schen Weltanschauung bedrohte, wo nicht vollends zerstörte. Auf der anderen Seite entschädigte vorderhand nicht einmal der innere Reichtum der dem Begriffe als inhärent zuerkannten Merkmale, denn es zeigte sich, dass er bloss negativen Wert besitzt und auf einen „leeren Formalismus" hinauskommt. Also ein völliger Bankerott, den nicht einmal ein würdiger Einsatz des dabei verschleuderten Kapitals wenigstens äusserlich rechtfertigen kann. Nach alledem wird man wohl geheime Lust verspüren, zu den Fleischtöpfen der positiven Ethik zurückzukehren und sich ein Rezept verschreiben zu lassen, nach dem der Übermensch hergestellt oder wenigstens durch einen nach Art der landläufigen Utopien auf das Jahr 2000 oder 4000 eingestellten Guckkasten von Angesicht zu Angesicht geschaut werden kann. Das wäre doch ein praktisch handlicher Begriff, mit dem sich unter allen Umständen rechnen liesse, da er der ewigen Wiederkunft nicht widerspricht — für ein endliches Ziel braucht es doch keine unendliche Zeitlänge — und auch positiv eindeutig definierbar ist. Aber abgesehen davon, dass die vorangehenden Untersuchungen bereits unabweisbar gezeigt haben, was der weitere Gang der Argumentation noch bekräftigen soll, wie fehlerhaft diese den Philosophen zum vulgären Weltverbesserer degradierende Interpretation ist, leistet sie auch in ihrem Verhältnis zu der Idee der ewigen Wiederkunft nicht das Gewünschte. Sie schafft, man kann wohl sagen, eine Art Waffenstillstand zwischen beiden Theorien. Es bleibt aber noch immer ein Zustand feindlicher Spannung, und wo auch dieser gewichen, ist die hergestellte Einheit ganz äusserlicher Natur. Jedes ethische oder sozialethische Programm verträgt sich zur Not mit der Idee der ewigen Wiederkunft, denn ihre Sphären kommen nirgends zur Kreuzung und bleiben völlig disparat. Aber es genügt für eine tiefere Betrachtung nicht, dass ausserhalb des einen Raum sei für das andere. Es müssten dann beide Theorien aus heterogenen Voraussetzungen hergeleitet werden. Sie verhielten sich gleichgiltig gegeneinander: Und diese Gleichgiltigkeit wäre das einzige Band zwischen ihnen. Die Gleichgiltigkeit ist indessen kein philosophischer Affekt. Der subtilere Denker sieht überall Beziehungen und Relationen. Nietzsche kann am wenigsten zur Indifferenz geneigt haben. Er hätte einfach diese Lehre neben jener aufgestellt, ohne ihre innere Zusammengehörigkeit gefühlt, ohne ihre innere Zusammengehörigkeit erstrebt zu haben? Zarathustra sprach aus einem Munde. Die Linie von Nietzsches Schaffen verlief eben und gerade oder vielmehr: er wollte sie eben und gerade. Da ist keine Zweiheit geistiger Elemente, die parallel gehen und im Unendlichen ihren Parallelismus beibehalten.

Es fruchtet also nichts, den Widerspruch abzuplatten und auf der platten Fläche das Kartenhaus eines Systems aufzubauen. Die Façaden mögen noch so niedlich gezimmert sein, der erste Lufthauch der Kritik würfe den morschen Kunstbau spielend zu Boden. Man muss den Widerspruch ergründen und zur Einheit vertiefen. Man muss die gemeinsame Quelle entdecken, aus der die Lehre vom Übermenschen und die Lehre von der ewigen Wiederkunft entspringen. Noch mehr: man wird zu zeigen haben, dass es notwendig dieselbe Quelle sein musste, aus der beide Ideen ihren Ausgang nahmen. Und das heisst, dass beide Ideen im Grunde identisch sind.

Daraus folgt aber, dass der Übermensch als Unendlichkeit der Zukunftsentwicklung gedacht, in welcher Form er der Annahme einer ewigen Periodizität des Geschehens offenkundig widerspricht, nicht die abschliessende und endgültige Fassung repräsentieren kann, die dieser komplizierte und problematische Begriff erhält. Die Begriffsentfaltung ist also noch nicht zum Abschluss gekommen. Derzeit sind wir noch unterwegs. Es gilt nunmehr auch dieses Durchgangsstadium hinter uns zu lassen.

IV. Kritik des Evolutionismus

Es hat sich gezeigt, dass die Idee des Übermenschen in der formalen Abstraktion von den bestimmten Inhalten, die ich, wie einleuchtend dargestellt, vornehmen musste, zwar den äusseren Anforderungen konsequenter Gedankenarbeit entsprach, aber vor innerer Schwäche gleichsam haltlos in sich zusammenzusinken drohte. Denn es blieb überhaupt nichts als die Abstraktion von aller Gegenwart, die Negation aller Gegenwart, sodass man kühnlich die Gleichsetzung von Übermensch und Zukunftsunendlichkeit, bezogen auf die dem Menschen angeborenen Fähigkeiten, vollziehen konnte. Der Imperativ, zum Übermenschen aufzusteigen, gleicht also etwa einem stummen Wegweiser, der unausgesetzt den Zeigefinger nach unsichtbaren Fernen ausgespannt hält. Der Wanderer, der sich an diesen Ratgeber hielte, würde einem Irrlichte nachgehen. Aber der Übermensch ist mehr als dieses fragwürdige Etwas, dass zwischen Überall und Nirgends vermitteln will. Wohl aber trifft die Kritik des völlig inhaltslosen Formalismus die Moraltheorie des Evolutionismus. Der früher, nur provisorisch gegebenen Darstellung des Übermenschen, die weiterhin an höheren Gesichtspunkten zu korrigieren ist, kommt in Wahrheit das Verdienst einer exakten Durchführung der Prinzipien zu, von denen sich jede evolutionistische Ethik leiten lässt, die ihren Voraussetzungen treu bleibt, und nicht etwa bloss einem Aggregat von Alltagserfahrungen die Schutzmarke einer philosophisch beglaubigten Theorie anheftet, deren Anwendbarkeit auf das neue Gebiet sie vorher gar nicht kritisch geprüft hat. Die evolutionistische Ethik knüpft an das Phänomen der organischen Entwicklung an, das im geistigen und physischen Sein ein korrespondierendes Widerspiel finden soll und sieht in allem, was diese Entwicklung fördern kann, ein moralisches Element, sie identifiziert Moral und biologische Differenzierung. Die Entwicklung ist „gut" und die positiven Motive der Entwicklung sind „gut". Woraus sie diese Offenbarung schöpft, liegt nicht so ganz auf der Hand. Sie beruft sich im allgemeinen auf die psychologische Erfahrung, nach der das Individuum das ihm Nützliche für gut erklärt, und wo widersprechende

Beispiele diese Auffassung in den Hintergrund zu drängen vermöchten, wählt sie ein Eliminationsverfahren, indem der wertbildende Faktor nicht mehr in der Relation der Objekte zum Individuum, sondern zur Gattung enthalten sein soll. Die historische Entwicklung der Gattung drängt demnach von selber zur Ausscheidung des Bösen und zur Erhaltung des Guten. Die darin sich geltend machende Anschauung hat zwei Seiten und gewährt daher die Möglichkeit einer doppelten Beurteilung. Sie sagt entweder, dass alle moralischen Werte, die sich dauernd erhalten konnten, den menschlichen Organismus lebensfähiger machten, seine Lebenskraft steigerten, eine Hypothese, die der historischen und psychologischen Begründung bedarf, oder es liegt in ihr ein moralisches Urteil, das die Entwicklung selber als objektives Phänomen und nicht seinen Reflex im menschlichen Bewusstsein als gut hinstellt, also dem von aller inhaltlichen Unterlage als ablösbar gedachten Begriff des Guten auf diese Art in den organischen Phänomenen ein Objekt der Anwendung schafft. Die eben geschilderte Anschauung ist es auch wirklich, die im evolutionistischen Parteilager zur Vorherrschaft gelangt ist. Auch die an erster Stelle skizzierte, subjektive bloss psychologische ist. Auch die an erster Stelle skizzierte, subjektive bloss psychologische Auffassung fusst auf ihr. Denn es wäre nur durch das Wunder einer prästabilierten Harmonie möglich, dass des so häufigen Widerspruches der Einzelinteressen ungeachtet die Individuen in der Anerkennung der generellen Werte übereinstimmten, wenn nicht von vornherein, apriorisch die Entwicklung der Gattung als das moralische Phänomen κατ' ἐξοχήν postuliert und als mehr oder weniger bewusstes Motiv dem Wirken und Schaffen der Einzelmenschen unterlegt wäre. Der Begriff der Entwicklung aber, der hier die Sanktion und der Träger aller ethischen Werte sein soll, ist indessen an sich vollkommen inhaltsleer und kann ebenso wie ein willkürlich konstruierter metaphysischer Begriff nicht als Ausgangsort weiterer Deduktionen behandelt werden, wenn man ihn nicht insgeheim schon anfangs mit positiven Bestimmungen versieht, die ihm nach freiem Belieben verliehen werden. Formal logisch sagt er nichts mehr, als was eigentlich schon in den allgemeinsten Daten des Zeitsinnes enthalten ist, solange man seine Nutzanwendung nicht bereits an bestimmte Voraussetzungen bindet, was aber selbstverständlich dem reinen Prinzip des Evolutionismus zuwiderliefe. Denn dann wäre die Evolution bereits an etwas anderem gemessen, dem ursprünglich und selbständig der Wertcharakter zugehört. In ihr allein liegt nichts als die Bestimmungen des Entstehens und der Veränderung und daneben, damit man sie auf ein festes Substrat, als den Träger der Entwicklung beziehen könne, das Moment der Dauer bei allen Veränderungen. Nicht viel reicher ist die Ausbeute, die eine spezielle, sich den massgebenden Faktoren zuwendende Betrachtung bietet. Man ersieht daraus im wesentlichen bloss, dass Differenzierung und Integrierung die Grundformen der Entwicklung sind. Aber auch diese Faktoren sind rein formaler Natur und überdem ausserordentlich vieldeutig. Man bedarf zur näheren Definition einer ganzen Reihe von Bestimmungen. Ein gemeinschaftliches Zentrum, auf das sich alle organischen Vorgänge beziehen und die Richtung, in der die Organe ihr Wachstum vollenden. Man braucht vor allem die Antizipation eines Zieles der Entwicklung und ein dementsprechendes Schema, das zugleich den Masstab zur Beurteilung und Wertung jeder einzelnen Entwicklungsreihe bietet. Die Evolution selber ist kein Ziel und kein Masstab. Sie bedarf vielmehr erst dieser Bestimmungsstücke, wenn sie als ethisches Element in Erwähnung kommen soll. Der Hinweis auf die zahlreichen Analogien in der physischen, psychischen und sozialen Sphäre trägt nichts zur Ergründung oder Klärung des Problems bei. Wohl kann die Ähnlichkeit oft bis ins Detail verfolgt werden. Differenzierung, Vereinzelung und Konzentration, organische Verbindung zu einem Ganzen, nicht blosse Summierung gleichwertiger Bestandteile sind hier wie dort die charakteristischen Symptome. Wie der lebendige Organismus nicht etwa bloss eine Verbindung von Zellen repräsentiert, ein Aggregat funktionell gleichwertiger Elemente, sondern die einheitliche Leitung aller durch ein sie in sich begreifendes Ganzes, die Unterordnung unter dieses vorausgesetzt, während seine Entfaltung nicht so sehr durch die Vermehrung und Besonderung aller Organe als vielmehr durch den Grad ihres wechselseitigen Zusammenhanges gefördert wird, ist auch das Seelenleben kein bloss mechanisches Gemenge homogener oder heterogener Phänomene, sondern in erster Reihe ihr systematischer Zusammenhang, der dazu nur durch die konstante Beziehung auf ein ihnen gemeinsames, dominierendes Gebiet konstituiert werden kann. An dieser Notwendigkeit, die sich auch durch geschickte Jongleurstückchen nicht umgehen lässt, scheitert jede Assoziationspsychologie, der es ausserdem an einem selbst für ihre Zwecke hinlänglichen Bindemittel mangelt, da sie den für den Aufbau des psychischen Lebens weit reicher verwendbaren Faktor der Apperzeption nicht berücksichtigen will. Ebenso ist die Entwicklung des Denkens kein blindes Weiterschreiten von Etappe zu Etappe. Die Begriffsbildung vollzieht sich nicht durch die mehr oder weniger mechanische Funktion des Abstrahierens, sondern wieder durch die Beziehung neu auftauchender Erscheinungen auf ein festes Gebilde, an dessen Peripherie sie sich ansetzen, seinen Umfang und das Mass seiner logischen Anwendbarkeit succesiv erweiternd. Dasselbe Bild zeigt das soziale Leben. Auch das Verhältnis der Individuen zum Staate wird von der früher dargestellten Tendenz beherrscht. Die Individuen haben sich nicht willkürlich verbunden, sie sind nicht äusserlich zur Gesellschaft, zum Staate zusammengetreten. Die Gesellschaft war das, was sie als fertig oder in vollem Werden begriffen bereits vorfanden, als sie sich ihrer Individualität bewusst zu werden begannen. Das Allgemeine ist auch hier das Ursprüngliche, das Besondere ist in ihm zunächst gebunden und kann erst auf einer Stufe reiferer Entfaltung frei werden. Daher ist die Theorie des Gesellschaftsvertrages nicht vereinbar mit den psychologischen und ethnologischen Erfahrungen, sie ist eine Fiktion, eine so fundamentale Wichtigkeit ihr auch für das moderne Völkerleben zugesprochen werden kann, eine gefährliche Fiktion, wenn sie als theoretisches Dogma eine wahrheitsgetreue Rekonstruktion der prähistorischen und historischen Vorgänge geben will, eine heilsame Fiktion, wenn sie bloss die Geltung eines Symbols empfängt und als ein unentbehrlicher, praktischer Massstab nicht zur Erklärung, sondern zur Bewertung der gegebenen sozialen Verhältnisse angesehen wird. Es ist auch charakteristisch für den tiefen Zusammenhang der auf den genannten verschiedenen Gebieten sich abspielenden Evolutionsvorgänge, dass die parallel gehenden Auffassungsarten in derselben Kulturperiode zur Ausgestaltung kamen. Der Rationalismus des achtzehnten Jahrhunderts hat die Assoziationspsychologie in Schwung gebracht und eine mechanische Erklärung aller physischen Phänomene auch im Bereich der Biologie versucht, er hat in der gleichen Art den Staat als eine Summe privater Verträge betrachtet, deren Inhalt durch das Gutdünken der Individuen bestimmt sei. Auch die entgegengesetzte Theorie hat überall ihre Konsequenzen gezogen. Schon bei Leibniz, also in einer noch früheren Epoche, kann man dies mit Sicherheit erkennen. Der Begründer der Apperzeptionspsychologie hat auch die mechanische Naturerklärung zu der immanenten Teleologie der monadologischen Auffassung vertieft und andererseits das Gesellschaftsleben in seiner gesetzmässigen Ausbildung gründlicher erfasst als die englische und französische Utilitätsdoktrin. Besonders die Nachkantische Spekulation reagierte am nachhaltigsten gegen diesen auf allen Seiten konsequent zur Anwendung gebrachten atomistischen Mechanismus. Sie hatte eben den von ihm so gänzlich vernachlässigten Begriff der Apperzeption in sein Extrem überspannt und auch für das objektive Geschehen dem Gesetz der Vernunft Anwendung verschafft. Vor allem spiegelt für sie das organische Werden die vollendetste Zweckmässigkeit wieder und wurde nicht bloss dem kausalen Schema der materialistischen Anschauung entrückt, sondern als das in Erscheinung getretene Symbol des vernünftigen Denkens betrachtet. Es ist erklärlich, dass auf dem gleichen Boden die organische Staatsauffassung eines Schelling und Ahrens ihren Ausgang genommen hatte.

Die Formel der Entwicklung kann man also durch eine genaue Beobachtung der in der Natur und im Völkerleben sich vollziehenden Veränderungen feststellen, wie aber mit diesen primitiven Erörterungen die Aufgabe der Ethik erledigt oder überhaupt bloss eingeleitet sei, muss einem bei kritischer Überlegung ganz unverständlich bleiben. Man wird nicht im Ernste glauben wollen, dass die moralischen Motive des Individuums sich auf einen mathematischen Ausdruck reduzieren lassen und dass die möglichst präzise Einfachheit dieses Ausdruckes das von ihm sehnlichst erwünschte Ziel repräsentiert. Versucht man dagegen das Problem auf ein allgemeineres Niveau zu stellen und vindiziert man der Volksseele dieses evolutionistisch ethische Streben, das beim Individuum höchstens als unauffindbarer Bodensatz seines empirischen Wollens existiert, so erlaubt man sich damit eine ganz problematische, nicht weiter kontrollierbare Behauptung, da es keine konkret sinnliche Existenzform dieser Volksseele gibt und es der subjektiven Willkür anheimgestellt ist, was für Bestimmungen man in den erwähnten Begriff aufnimmt. Ausserdem leistet diese Formel nicht das Geringste für das theoretische Erkennen oder das praktische Verhalten. Die Differenzierung kann ebenso wohl den Fortschritt als die Entartung bedeuten. Es kommt alles, wie erwähnt, auf den apriorisch fixierten Zweck an. Ihm müssen sich die Reihen der Entwicklung und der Inbegriff aller Reihen als teleologische Glieder unterordnen. Im Zwecke manifestiert sich demnach der Begriff der Ethik, in dem seinem Umfang und Inhalt nach klar definierten und allseitig umschriebenen Zwecke. Ob die Förderung, die Erfüllung dieses Zweckes zu den natürlichen Tendenzen der biologischen Entwicklung gehöre, ist ein anderes Problem. Aus dem blossen Faktum der Entwicklung konnte er nicht abgeleitet werden, denn dieses ist zu inhaltsleer, um ein System sittlicher Maximen zu vermitteln, und ausserdem besteht eine doppelte Möglichkeit hinsichtlich der Richtung der Entwicklung; sie kann entweder nach vorn oder nach rückwärts vor sich gehen, wenn sie nicht von vollbewussten Kräften, die also schon eine Kenntnis des Zieles besitzen, gelenkt wird. Somit ist das ethische

Ideal vor aller Beziehung zur Evolution wirksam, die ihm wohl dienstbar werden, niemals es aber aus sich selber, aus dem dürftigen Inhalt ihrer Voraussetzungen hervortreiben kann. Die Entwicklung zeigt eine unendliche Fülle von Möglichkeiten. Dass eine dieser Möglichkeiten realisiert wird und gleichzeitig alle weiteren Glieder der Reihe bestimmt, dazu ist das Bewusstsein der moralischen Notwendigkeit erforderlich, dieser Eventualität und bloss dieser Eventualität ins Leben zu helfen, die dem problematischen und unbestimmten Begriff der Entwicklung richtunggebend und normschaffend vorangeht. Der menschliche Wille also ist es, der die Werte bestimmt und ihre Geltungssphäre erweitert, nicht eine aller bewussten Willkür und Vorsehung entzogene, in den Kreis des psysischen Geschehens gebannte Evolutionstendenz, die erst nachträglich im Lichte der unabhängig von ihr entstandenen moralischen Auffassung die sittliche Sanktion empfängt und dann irrtümlich zu ihrer fundamentalen Voraussetzung umgemodelt wird.

Wenn man diese Polemik für überflüssig hält, da sie lauter selbstverständliche und gar nicht anzutastende Sätze aufstelle, so vergisst man, dass trotz der unleugbaren Wahrheit der vorgebrachten Einwände in unserer Zeit vielfach eine erstaunliche Unfähigkeit platzgegriffen hat, das Axiomatische der früher entwickelten Anschauungen für die Ethik festzuhalten. Die populäre Auffassung, die doch auch, da sie die herrschenden Ideen, wenngleich in modischer Verzerrung und Verseichtigung, wiedergibt und auf die Instinkte der Menge Einfluss gewinnen kann, Berücksichtigung verdient, wird völlig von dem oft verderblichen Vorurteile, wie die lärmende Proklamation des angeblichen Rechtes, „sich auszuleben", genugsam beweist, geleitet, alles, was in der Richtung der Entwicklung liege, was also, wie die wahrheitsgetreue Formulierung der so geschickt bemäntelten Anschauung lautet, das physische Wohl fördert, sei darum auch als Träger sittlichen Wertes zu betrachten. Nach der Natur des Guten und Bösen, nach dem Inhalt des ethischen Ideales forscht selten jemand mehr. Da werden einige vorgeblich biologische Erkenntnisse zusammengetragen, mit fadenscheinigen Analogien konstruiert man den schwindligen Übergang aus dem Reiche der Natur in das Reich der Sitten, der dann noch zum Überdruss mit dem brüchigen und holprigen Material geschichtsphilosophischer Konstruktionen bepflastert wird. Fragt man einen der beredten Vertreter dieser populären Ethik nach der physischen und geistigen Physiognomie des Zukunftsmenschen, für den er so opferwillig Haus und Scheuern bereitet, so darf man sich auf eine Geste unwilligen oder verlegenen Erstaunens gefasst machen.

Die Sehnsucht nach der Zukunft sollte doch bloss das breite Behagen an der Gegenwart decken und das vorgebliche Streben, den Nachkommen den Weg zu bahnen, verhüllte den praktisch lohnenden Zweck, sich selbst häuslich einzurichten und die Glut des heimischen Herdes sorgsam zu schüren. Auch in den exakten Untersuchungen des Moralproblems vermisst man aber oft die fundamentale Einsicht, dass Evolution und Ethik nicht Wechselbegriffe sind, deren Identität jede ethische Forschung auf eine physiologische reduzierte. Durch die künstliche Verbindung, in die beide Begriffe gebracht werden, geht der Inhalt der Moraltheorien aller schärferen Distinktionen verlustig und zerfliesst in vage, schimmernde Analogien, die übrigens gelegentlich auch die naturhistorische Untersuchung beeinträchtigen, da sie sie in die gleiche Bahn tendenziöser Voreingenommenheiten drängen, in der sich die ethische Auffassung bewegt. Wenn man diesen Irrtümern gegenüber festhält, dass Gut und Böse nicht bloss aus der deskriptiven Wiedergabe biologischer Evolutionen als unantastbare apodiktische Ergebnisse hervorgehen, sondern höchstens darin wiedererkannt, in ihrer Identität festgehalten werden können, also schon der Beschreibung selber wegweisend vorausgehen, wird man die Analyse des Ethischen nicht voreilig in dem Strom historischen Werdens zerrinnen lassen, sondern nach den festen Stellen spähen, von denen aus die Richtung und Geschwindigkeit seines Laufes fixiert werden können. Man wird besonders verstehen, dass Gut und Böse vor aller Zeit und Entwicklung, ausser aller Zeit und Entwicklung existieren. Dies indessen nicht in dem Sinn, als ob ich damit für eine metaphysische Seinsform, für die transcendente Realität der moralischen Idee eintreten wollte. Das Jenseits und Ausserhalb enthält bloss eine Ortsangabe für die Orientierung des philosophischen Betrachtens, keine Weisung, in phantastischen Regionen herumzuschwärmen. Er sagt nichts weiter als die simple und unwiderlegliche Wahrheit, dass wir, um eine Entwicklung als sittliche zu beurteilen, zuvor uns schon des sittlichen Ideales versichert und einen sicheren Massstab zur Verfügung haben müssen. Die Moral darf nicht bloss als eine Funktion der Zeit angesehen werden, selbst wenn sie der Zeit bedarf, um sich in der anschaulichen Wirklichkeit zu realisieren. Ebenso wie wir die Kategorie der Kausalität als konstituierenden Faktor der sinnlichen Auffassung aller Phänomene zugrunde legen und nicht erst diesen als ein in ihnen enthaltenes Element empfangen, kann die vollkommen indifferente Betrachtung historischer Vorgänge uns keine Kriterien zu ihrer sittlichen Beurteilung an die Hand geben, sondern benötigt sie selber, wenn sie nicht nur beschreiben, sondern auch werten will. So handelt es sich in der Erkenntnis der Ausserzeitlichkeit des sittlichen Ideales eher um eine methodologische, als eine ontologische Wahrheit. Über die Entstehung der ethischen Phänomene, darüber, ob Lustgefühle und Unlustgefühle das Material abgeben, aus dem sie gebaut sind, ob sie den dunklen Regionen eines ganz spontanen, von allen anderen seelischen Inhalten loslösbaren Willens entstammen, oder ob sie überhaupt nicht als Glieder eines umfassenden Zusammenhanges zu gelten haben, sondern ursprünglicher Natur und auf dem eigenen Boden erwachsen sind, ist in dem Hinweis auf die Mangelhaftigkeit des Evolutionismus als Leitmotivs der Ethik nichts Positives enthalten. Hedonismus und Rigorismus müssen einander in der Anerkennung dieser Behauptung die Hand bieten. Denn sie will keiner speziellen Moralphilosophie dienen, sie will nicht das Objekt moralischer Zwecksetzungen, noch seinen Geltungsbezirk angeben, sondern vielmehr die Entdeckungen nach beiden Richtungen erst vorbereiten und ermöglichen, indem sie eine falsche und irreführende Problemstellung ausschliesst. Diese ist freilich älteren Datums, als man im Hinblick auf die die philosophische Spekulation vielfach so empfindlich schädigende und verflachende Descendenzlehre glauben möchte, wenn sie auch erst durch sie die Sanktion der Mode erhalten hat. Schon Aristoteles und Plato, deren tiefe Gegensätzlichkeit die populäre Auffassung zugunsten ihrer gemeinsamen Abkunft vom Ahnherrn aller kritischen Philosophie, Sokrates, häufig übersieht, vertreten hier die charakteristisch miteinander kontrastierenden Anschauungen. Während Plato das Gute als eine gedankliche Realität behandelt, deren empirisches Sein an den dem Menschengeiste immanenten Vernunftgesetzen bestimmt wird, erblickte Aristoteles in aller Moralphilosophie bloss einen Behelf für das praktische Leben, dessen ethischer Wert in der Entfaltung und gleichmässigen Übung aller individuellen und generellen Fähigkeiten liege. Die Auffassung der sittlichen Probleme ist eben nicht sehr von dem landläufigen Evolutionismus verschieden, nur dass derselbe noch überdies die in jener Begriffsbestimmung enthaltene Willkür durch schiefe Analogien aus völlig heterogenen Gebieten weniger herabsetzt, als ins Ungemessene steigert. Die Absage an die evolutionistische Theorie als grundlegendes Prinzip hat uns also zu der Überzeugung geholfen, dass man die moralischen Werte im Sinne einer erschöpfenden Analyse unabhängig von historischen Wandlungen auf psychologischem oder erkenntnistheoretischem Wege zu erforschen habe. Nicht so sehr den Inhalt der Werte, der allerdings von den Zeitverhältnissen abhängig und wie sie selber veränderlich ist als dies, dass sie überhaupt Werte sind, ihren Wertcharakter, die Verpflichtung, die ihre Anerkennung den Individuen auferlegt, die logische und psychologische Funktion des Sollens. Dieses Sollen ist es, das wohl im Wechsel der Zeit verschiedene Objekte als Material der Pflichten ergreift, aber als Akt in keiner Zeit entsteht und in keiner Zeit vergeht, also wahrhaft überzeitlich ist. Wir erlangen hier doch mehr als einen äusserlichen methodischen Vorteil, der ohne Einfluss auf den Inhalt der Theorie bliebe. Zu den verhängnisvollsten Fehlern der theoretischen Sittenlehre gehört es von jeher, dass sie selten unzweideutig die Frage stellt nach dem Guten, nach dem Begriff des Guten, nach dem, was bei Absonderung alles nebensächlichen Zubehöres auf diesen Ehrentitel Anspruch erheben kann. Ist es der Erfolg, der „gut" ist, ist es das Streben nach dem Erfolg, ist es Streben danach, dass der Erfolg auch anderen zugute kommt, dass er bloss den anderen zugute kommt, diese verschiedenen so widerspruchsvollen Möglichkeiten müssen in einem bestimmten Sinne entschieden werden, wenn man ein System der Ethik auf gefestetem Fundament aufführen will. Es drängt sich uns nunmehr die unabweisbare Erkenntnis auf, dass die moralischen Phänomene nicht die in der Zukunft lokalisierten Entwicklungstendenzen, dass nicht das Ziel das ethische ist, sondern die Willensdisposition und die denkende Erfassung der Willensinhalte, die zur Verwirklichung drängen und den Umsatz der potentiellen geistigen Energie in die aktuelle der historischen Schöpfungen vollziehen. Man denke etwa an das Ideal der Sozialethik, an das Ideal der Humanität, an die allgemeine Interessenharmonie. Wenn man auch davon absieht, dass der hier erstrebte Zustand kaum die moralische Bedeutung, die man ihm zuzuschreiben pflegt, besitzt, da die Übereinstimmung vieler Individualwillen einen rein formalen Charakter trägt und nichts über den obersten Zweck der Harmonie verlauten lässt — auch bei einer kulturell und moralisch tiefstehenden Horde kann dieses Ideal unter Umständen annähernd erfüllt sein, während die Steigerung der Zivilisation eben die Dissonanzen hörbarer aufklingen lässt — so kann doch nicht ihm als einer realisiert gedachten Eventualität das Attribut der Sittlichkeit beigelegt werden, sondern lediglich der psychologischen und geistigen Beschaffenheit, die sich in dieser Zwecksetzung manifestiert. Das ist keine überflüssige Distinktion, keine Wortklauberei, die den wahren Sachverhalt eher verdunkelte als aufklärte. Haben wir begriffen, dass der Erfolg, auch der bloss beabsichtigte Erfolg, nur als Symbol des moralischen Wollens, nicht als sein innerster Kern betrachtet werden kann, dann wird man auch nicht mehr die sittliche Bestimmung des Menschen in Abhängigkeit setzen von dem Mass seines praktischen Könnens und derartig die absolute Festigkeit des Moralgesetzes in eine lose Hypothese verwandeln. Ob der Erfolg eintritt oder ausbleibt, ist gleichgiltig, selbst die Unmöglichkeit desselben beweist noch nichts für oder gegen den Wert des Wollens. Seine Antizipation in unserem Verstande und Gemüt, nicht der Grad der objektiven Realisierbarkeit ist das Entscheidende für die ethischen Probleme. So ist man nicht länger an die Ergebnisse mühseligen Forschens gebunden, wenn man über sich selber zu Gericht sitzen will. Ob aber der Kampf ums Dasein den Stärkeren die Führerrolle gewährt, ob er die Schwächeren obsiegen lässt, kommt für uns nicht mehr in Anbetracht. Aus dem anatomischen Befund erfliesst dem suchenden Menschen keinerlei moralische Offenbarung. Die Abstammung vom Affen verleiht uns weder noch entzieht sie uns den Adelsbrief, auf den wir unsere sittlichen Ansprüche gründen. Weder die organische Entwicklung, noch selbst der Fortbestand der Menschheit sind als Axiome oder Postulate in die Voraussetzungen unserer ethischen Grundsätze einzubeziehen. Das ist die vielmehr edelste Sanktion moralischer Maximen, dass sie die äussere Wirklichkeit bestimmen, wenigstens die Auffassung der Wirklichkeit, und nicht von ihr bestimmt werden, dass sie unberührt fortbestehen, auch wenn die Wirklichkeit sich ihrer sozusagen entäussern wollte. Es gibt also keine Ethik, die durch physiologische Experimente demonstriert werden kann, es gibt kein sittliches Ideal, dessen Realisierbarkeit, oder noch mehr, dessen Realität sich in einer Wahrscheinlichkeitsrechnung bestimmen liesse, es gibt keine Willensfreiheit, die im chemischen Laboratorium erzeugt werden kann. Die Ethik ist so wenig durch Darwin begründet oder gefördert worden, als durch die Entdeckungen des Blutkreislaufes und der Planetendrehung. Man komme nun nicht etwa mit der Behauptung, nicht die theoretische Kenntnis der Gesetze des organischen Lebens, aber die unmittelbare Anschauung der im natürlichen und sozialen Dasein sichtbar werdenden Entwicklung habe das sittliche Bewusstsein erzeugt und ihm zur Reife verholfen! Gerade in Niedergangsepochen sind der bedürftigen Welt die erhabensten Moralisten als Führer und Retter erstanden. Als Hellas unterging, traten Sokrates und Plato auf. Buddha und Christus erschienen, als es mit der Welt im Argen lag. Pascal und Kant sahen ringsum eher die Ruinen der alten, als die Blüten der neuen Zeit. Der moderne Industrialismus aber mit seinem Fortschrittsfanatismus hat höchstens Propheten wie Bentham,

Spencer und Mill gefunden. In der Tat, bei aller Anerkennung ihrer verdienstlichen Bestrebungen, kein entsprechender Nachwuchs.

Man wird mir vielleicht ein anderes Argument entgegenzuhalten versuchen. Jene Auffassung des Sittlichen entnerve die Triebfedern praktischen Handelns, da sie den Erfolg des Wirkens gegen das Wollen, das bloss ein psychischer Zustand sei und keinerlei Wirkung auf die Aussenwelt enthalte, zurücksetze. Dieser Einwurf entsteht bloss aus einem groben Missverständnis. Die Handlung oder vielmehr das, was an der Handlung ethisch betont ist, die Kraft und Energie zur Handlung, sind implicite in unserer Formulierung des ethischen Problems enthalten. Die Darstellung der Idee ausser uns als sinnliche Realität ist sittliche Notwendigkeit. Wir verwandeln bloss den ethischen Realismus in einen ethischen Idealismus, indem wir dem Objekt seinen Wert allein in der konstanten Beziehung zum menschlichen Willen zuerkennen. In der Handlung erblicken wir das Symbol des sittlichen Wollens, und nicht in dem sittlichen Wollen ein mechanisches Mittel der Erfolgshandlung. Die Stärke des Willens und damit sein Wert bekundet sich in der Aussenwelt, er wird in ihr erkannt und begriffen. Damit es in Erscheinung trete, realisieren wir unser Ideal. So leiten wir die Sanktion des Erfolges von der Güte des Wollens ab und führen nicht umgekehrt dieses in seinem Werte auf jenen zurück. Die Handlung ist deshalb das Mass und nicht der Zweck der moralischen Gesinnung. Aber wenn man das Sittliche lokalisieren soll, und dies ist neben seiner inhaltlichen Bestimmung, die indessen darin schon zum Teile beschlossen ist, die Hauptaufgabe aller Moralphilosophie, so darf es nicht im Aussenraume gesucht werden, wo sich im Mechanismus des natürlichen Getriebes bloss das Ringen zweier feindlicher Mächte, des Geistes und der Materie, enthüllt, sondern im menschlichen Bewusstsein, im zeit- und raumlosen Denken und Wollen, das heisst, in dem praktischen Vernunftprinzip des Denkens und Wollens. Nur auf diesem Wege kann man dem verderblichen moralischen Probabilismus entgehen, der überall dort bedrohlich sein Haupt erhebt, wo die Erfolgsmoral Anklang findet. Die Energie des Schaffens wird dadurch nicht untergraben, dass wir das Ethische vertiefen und den Wandlungen des Zufalles entrücken. Im Gegenteil, der Mensch, der erkannt hat, dass sein persönlicher Wert über alle Zeit und Vergänglichkeit erhaben ist, wird mit tieferem Ernste seinen Lebenszweck erfassen, als die Augenblicksnaturen, die sich auch in ihrer sittlichen Existenz vom Naturgeschehen abhängig glauben. Man darf nicht keuchend und schwitzend in der

Tretmühle des Alltagsdaseins stehen, wenn man sich den freien Ausblick und die grossen Perspektiven wahren will. Nur dort ist der rechte Standpunkt zu gewinnen, wo das Auge gleichmässig in Nähe und Ferne verweilt. Es ist der alte religiöse Konflikt zwischen Glaubensheiligkeit und Werkheiligkeit, der hier in entsprechender Modifikation auf der Basis der Ethik auftaucht. Liegt die Seligkeit im Werk oder im Glauben? Ist es der innerliche Besitz des Ideales, oder die Erfüllung des Ideales auf dem Boden der Erfahrungswirklichkeit, darin das moralische Sollen seinen wahren Ausdruck erhält? Der hier so scharf hervorgehobene Gegensatz entspricht nicht dem wahren Verhältnis beider Auffassungen. Nicht daran konnte es einem Luther gelegen sein, die Energie des Schaffens durch den Hinweis auf den alleinigen Wert des Glaubens zu brechen, aber der wahre Glaube verbürgte auch die Kraft des Schaffens und bot Gewähr dafür, dass der Bekenner die Hoheit des sittlichen Vorbildes in sein tägliches Handeln hinübernahm. So ist die ethische Norm weit mehr als eine farblose Abstraktion, ein Gedankenbild ohne Plastik und Formenfülle, sie hat vielmehr die Tendenz, sich nach aussen aktiv darzustellen, in ihren Voraussetzungen festgehalten, die erhabene Tendenz, sittliche Ideale in greifbare Realitäten umzusetzen. Aber das Gelingen ist problematisch und im Gelingen liegt daher nie die Sanktion des Moralgesetzes. So ist die Duplizität der organisierenden und symbolisierenden Funktion, in die Schleiermacher das sittliche Dasein zerlegt, im Grunde genommen auf die des Symbols zu reduzieren. Denn nicht bloss damit, dass der Mensch in den künftigen Gebilden der Aussenwelt das Walten der eigenen Vernunft erkennt, sondern auch mit dem unmittelbar von ethischen Motiven geleiteten Gestalten der natürlichen Objekte symbolisiert er das Vernunftgesetz. Auch in der Organisation ringt dieses, ähnlich wie dort, nach Darstellungsformen. Jede sittliche Schöpfung ist eine Projektion des Subjektes nach aussen, eine Wiederholung und nicht die uranfängliche Erzeugung des dem Menschen gegebenen sittlichen Ideales. Die Evolution ist also moralisch indifferent und weder als condicio sine qua non, noch als Begründung der Ethik zu betrachten. Sie kann nur accidentiell wertvoll sein, sofern sie durch den weiteren Spielraum, den sie den Menschen für ihre praktische Wirksamkeit einräumt, ihre sittliche Disposition stärkt und für die guten Einflüsse empfänglicher werden lässt. Aber weder durch die Evolution, noch um der Evolution willen wird und ist das Gute, ebensowenig als der gleichmässige Ablauf des zeitlichen Geschehens aus seinem Schosse mit den wandelbaren Phänomenen auch das feste Mass ihrer Werte gebären könnte. In diesen Nebel des ewigen Werdens ohne bleibende gegenständliche Basis verflüchtigt sich auch wirklich der Evolutionismus, wenn er konsequent zu Ende geführt wird und kein unerlaubtes Bündnis mit der Psychologie oder Erkenntnistheorie eingehen will, das ihn widerrechtlich um die erwünschten positiven Bestimmungen bereichert. Sonst gibt es, solange man den acceptierten Voraussetzungen treu bleibt, bloss diese eine Folgerung zu ziehen, die wir in Nietzsches Lehre, soweit sie bisher analysiert ist, ausgesprochen fanden. Die Unendlichkeit der Entwicklung objektiviert sich gleichsam in dem Begriff des Übermenschen, in dem unendlichen Kontraste zwischen diesem und dem lebenden Menschen. Die aller materiellen Erfüllung beraubte Vorstellung eines ewigen Fortganges ohne Ziel und Grenze kann, wenn sie überhaupt die Geltung eines Motives erlangen und nicht lediglich als dunstiges Phantasiegebilde im weiten Gedankenraum umherschweben soll, bloss zu diesem einem Imperative führen, stets das unendliche Ziel der Entwicklung, das ist, in seiner symbolischen Umdeutung, den Übermenschen, in sich aufzunehmen und darum sich desjenigen zu entäussern, was der Gegenwart zuerteilt ist und der Gegenwart angehört, also zur Negation der Gegenwart, die bloss durch den Hinweis auf die unerschöpflichen Möglichkeiten der Zukunft einen Schimmer von positivem Gehalt gewinnt. Nietzsches Übermensch in diesem Sinne verstanden, und ich konnte nicht umhin, ihm vorläufig, allerdings bloss vorläufig, diese Auslegung zu geben, ist also in Wirklichkeit die konsequenteste Ausbildung des reinen Evolutionismus. Man mag eine derartige Ethik unendlich arm, abstrakt und steril nennen, man mag sie ausserdem in der Fassung, die Nietzsche ihr gab, für allen natürlichen Realismus als verhängnisvoll empfinden, meine Darstellung berührt dieser Vorwurf nicht, denn sie war bloss bemüht, die Anmassungen der Evolutionisten in die gebührenden Schranken zurückzuweisen und dagegen besonders hervorzuheben, dass sie, um dem leersten Formalismus zu entgehen, ein Objekt der Entwicklung erhalten mussten, erst von diesem Objekt ausgehend, die Entwicklung selber als sittlich beurteilen konnten und daher im Widerspruch mit ihren eigenen Versicherungen das **Moment der Evolution** gegen das **Moment der Idealität der Sittlichkeit**, ihrer Vorform als wertbetonter Idee, verhältnismässig zurücktrat. Das Mass der Ethik, mit einem Worte, konnte nicht in das zeitliche Geschehen verlegt werden.

V. Der Übermensch als immanentes Ideal

Wir hätten nun aber zum Verständnis und zur endgültigen Beurteilung der Evolutionstheorie wohl manches, wenig aber zum Verständnis der Nietzsche'schen Lebensauffassung gewonnen, würden wir uns mit der Behauptung begnügen, er habe mit der Lehre vom Übermenschen den indirekten Beweis für die Unzulänglichkeit der heute so hoch in Blüte stehenden evolutionistischen Moral erbracht. Wollte ich dies gar als Nietzsches Tendenz hinstellen, so wäre dies die denkbar willkürlichste, durch keinerlei Hinweis auf ein historisches oder psychologisches Argument zu rechtfertigende Unterstellung. Wollte ich darin das unbeabsichtigte, aber objektiv notwendige Ergebnis seines Denkens sehen, so müsste ich auf dieses naturgemäss den Vorwurf der Absurdität übertragen und Nietzsche die tragikomische Rolle des unfreiwilligen Parodisten seiner eigenen Überzeugungen aufbürden, der sich in demselben Masse, als er festen Halt zu gewinnen glaubte, des Bodens unter seinen Füssen beraubte. So wenig diese zweifellos schiefe Auffassung meiner Überzeugung entspricht, so wenig kann sie im Rahmen der vorliegenden Untersuchung, in der es sich um eine Vermittlung und nicht um eine Verstärkung der Gegensätze handelt, Platz finden.

Ich habe, wie man glauben wird, die gerade Linie der Darstellung verlassen, eines Exkurses wegen, der die evolutionistische Ethik zur Erörterung brachte. Aber diese Betrachtung hat uns unserem Ziele um ein gutes Stück näher geführt, da sie dem positiven Verständnis der Nietzsche'schen Lehren, die im Widerspruch miteinander stehen sollen, wirksam vorbaute. Sie zeigt unwiderleglich, dass der Evolutionismus zu jener Auffassung des Übermenschen führen musste, in der der moralische Imperativ den Charakter einer reinen Negation gewann. Ein anderer Ausweg stand nicht offen, solange man konsequent blieb und nicht zu gezwungenen Auslegungen oder offenkundigen Phrasen die Zuflucht nahm. Es wäre keine vernunftgemässe Erklärung, wenn man Nietzsches Postulat etwa als ein politisches Zukunftsprogramm behandelte, dem gegenüber dann freilich der ebenso billige als törichte Vorwurf der Utopie nicht ausbleiben konnte, als eine Aufforderung, mit der Schöpfung des Übermenschen gleichsam einem aktuellen Bedürfnisse Rechnung zu tragen, das hiermit endgültig befriedigt wäre. Abgesehen davon, dass man demgegenüber die Frage aufzuwerfen berechtigt sein würde, warum denn gerade unsere Zeit, unsere Kultur, eine derartige Revolutionierung aller Geistesformen und Lebenswerte als wünschenswert erscheinen lässt, könnte doch die Konstituierung des neuen Zustandes allein, also eine Gemeinschaft von Übermenschen, die im Bewusstsein ihrer Übermenschlichkeit gemütlich feiern, nicht das Endziel des moralischen Strebens darstellen. An einer langsamen Entwicklung bis zum Übermenschen hin, also an einer quantitativen Erweiterung des normalen Gesichtsfeldes der Fortschrittsdoktrin, konnte es Nietzsche nicht gelegen sein; diese völlig irrige Interpretation, die ihm borniete Philistrosität zuweilen geben will, um ihn huldvoll in den Schoss des allein seligmachenden Liberalismus aufzunehmen, verstösst schon gegen den sprachlichen Ausdruck der „Herrenmoral" und des „Übermenschen", verstösst gegen die imperativistische Wendung, die er dem Gedanken gab und die sich nicht mit dem gemächlichen Fortschreiten von Etappe zu Etappe abzufinden vermag, verstösst zuguterletzt gegen die reinliche und unzweideutige Art, mit der er seinen Standpunkt markierte und gegen alle Evolutionisten und Sozialethiker abgrenzte. Der Übermensch lässt sich demnach, wie des öfteren bemerkt, gar nicht objektivieren, sondern ist der Inhalt eines immer neuen Gebotes, eine psychologische Relation konstanter Natur und nicht die Anweisung auf einen Ruheplatz, der irgendwo auf dem Wege der Zukunft sich finden mag. Hierin aber widersprach er so deutlich der Lehre von der ewigen Wiederkunft des Gleichen. Aber der Widerspruch ist nicht im Wesen der Sache gegründet. Die Evolutionstheorie hat uns dorthin geführt, wo sich ihre Inhaltslosigkeit überraschend enthüllte, wo sie auf fremden Gebieten Anlehen nehmen musste, um überhaupt noch in Geltung zu bleiben. Überhaupt verschob sich uns der Gesamtaspekt der sittlichen Phänomene dahin, dass wir nicht in der praktischen Realisierbarkeit ethischer Ideale, sondern in deren geistiger Antizipation, in der psychologischen Veranlagung, die sich in ihrer Bildung und Erfüllung manifestiert, in ihrer Konzeption das bestimmende Element der Moral erblickten. Wir können nicht glauben, dass die Lehre vom Übermenschen sich hartnäckig dieser Auffassung widersetze und in diesem Gegensatze zu der eigenartigen Stellung emporarbeite, die ihr zukommt. Der Übermensch kann nicht bloss die inhaltleere Negation sein, die stets von neuem gebietet, den Menschen zu überwinden, ohne das Äquivalent zu offenbaren, um dessentwillen der schwere Kampf geführt werden soll. „Zukunft" ist der leere Schall eines unklaren Wortes, von dem nichts im Ohre bleibt als ein wirrer Klang, der von Furcht, Hoffnung und Vergänglichkeit spricht. In der Gegenwart liegt das Mass und die Bestimmung der Zukunft. Der Übermensch nach uns, ausser uns ist bloss eine Negation und kein Gewinn. Der **Übermensch** in uns ist zugleich das Objekt und das Subjekt aller Ethik. So selbstverständlich sich diese Deutung ausnimmt, so wichtig ist doch die durch sie gewonnene Auffassung des Problems. Hier kommt es eben ganz ausnehmend auf die feinsten Distinktionen an, die dem naiven Intellekte Wortklaubereien dünken. Ganz anders können wir jetzt an die Beurteilung der Nietzsche'schen Schriften herantreten als der vulgäre Evolutionismus, der vergeblich bemüht ist, mit seinem Flackerlichte alle Widersprüche und Dunkelheiten aufzuhellen. Man wird nie das Pathos des einsamen Denkers begreifen, das so oft die tiefsten Klänge der Verzweiflung und seltener wieder den Ton siegesfroher Zuversicht anschlägt, wenn man seine Ethik kerzengerade auf die Zoologie aufbauen will und mit Messinstrumenten und Mikroskopen bis zur Erschöpfung hantiert. Dann ist der ganze Riesenaufwand überflüssig und nicht im Interesse einer ökonomischen Haushaltung, deren sich doch der evolutionistische Philosoph vor allem befleissen sollte. Es genügt, statistische Tabellen zu entwerfen und das prozentarische Mittelmass gesunder Geburten zu fixieren. Die Beschwörung Zarathustras bleibt ein unerlaubter Luxus, der nicht einmal durch die Berufung auf Darwin zu rechtfertigen ist. Hätte es sich bloss um die Nutzanwendung einiger praktisch verwertbaren Sätze aus der „Entstehung der Arten" gehandelt, dann wäre Nietzsche nicht mehr als ein ungeschickter Konkurrent der britischen Deszendenztheoretiker und ein geistloser Paraphrastiker, der die schmalspurige Weisheit dieser Philosophie auf den weiten Umfang ungezählter Reden und Aphorismen verteilt. Zarathustra kam aber nicht, um Vergangenheitsmenschen und Zukunftsaffen ein effektvolles Duett aufführen zu lassen. Er kam nicht, um die Kultur des Jahres 2000, wo nach Bellamys ebenso verwerflicher als läppischer Prophezeiung ein einziges Monstreparapluie die unter ihm verbrüderte Menschheit vor den Heimsuchungen eines inhumanen Platzregens bewahren wird, dem Verständnis des feucht-fröhlichen Mitteleuropäertums näher zu bringen, er kam nicht, um Vergangenheits-Apotheose oder Zukunfts-Apokalyptik zu treiben, er kam, um gleichsam über alle Zukünfte hinweg, durch einen Blick in ihre fernsten Möglichkeiten eine höhere Gegenwart zu schaffen. Deshalb stellte er den Menschen vor die grosse Alternative: den letzten Menschen und den Übermenschen. Erst in dem Hinweis auf diese beiden Perspektiven erhält das Wertproblem seine Basis. Die zwei Entwicklungsmöglichkeiten liegen gleich sehr in uns. Und darauf kommt es an, das **Ideal** zu beleben und die psychologische Disposition ins Leben zu rufen, die sich mit diesem Ideale verträgt, dieses Ideal erzeugt, erst in zweiter Reihe aber darauf, auch äusserlich sozusagen politisch für die Herbeiführung des neuen Zustandes den Boden zu bereiten. Nicht darum ist Nietzsche so tief besorgt, es könne durch ein physisches Ereignis die organische Entwicklung der Menschheit in Frage gestellt oder auch durch die soziale Konstellation erschwert und verlangsamt werden, sondern dies eine fürchtet er vor allem: es könne der Mensch unfähig zur Konzeption des Übermenschen, zur Idee des Übermenschen werden. Solange der Mensch Chaos ist, trägt er die tanzenden Sterne in sich. Wo das Chaos versinkt, verschwinden auch die grossen Möglichkeiten. Wenn dem Menschen das Organ verkümmert, um das Wort Zarathustras zu verstehen, um seine unerschauten Höhen und Tiefen zu ahnen, dann dämmert der Tag des letzten Menschen herauf. Das Verlangen nach dem kleinen Glücke, die Freude am behaglichen Besitz, das scheue Vorbeiblinzeln an den grossen Zielen, vor allem aber der Verlust desjenigen, was die Menschheit immer über sich hinausführt, indem sie sie vor ihr eigenes oberstes Tribunal stellt, des Schamgefühles, lassen den Ruf Zarathustra ungehört verhallen. Es ist also die innere Umwandlung des Individuums, die von nöten ist.

Man kann indessen nicht leugnen, dass Nietzsche seinem Postulat eine, wie man sagen darf, realistischere Fassung gab und das aktuelle Moment deutlicher hervorkehrt. Es ist nicht in meiner Absicht gelegen, voreilig Kritik zu üben. Aber es genügt hier auch der Hinweis darauf, dass die zur Bestätigung des Gesagten heranzuziehenden Stellen, weit entfernt, die Basis der ganzen Lehre und daher auch jeder ihr gerecht werdenden Beurteilung abzugeben, die schwächsten sind und zur Lösung der in ihnen diskutierten Probleme das Wenigste beitragen. Ausserdem lässt sich unschwer nachweisen, dass auch bei ihnen die idealistische Grundrichtung die Oberhand behält. Der Evolutionismus bedarf in erster Reihe einer festen geschichtlichen Grundlage, einer Fülle historischer Belege. Vergangenheit, Gegenwart und Zukunft sind für ihn durch ein ehernes Band aneinander geschmiedet. Wehe dem, der eine Etappe überspringen, der das Räderwerk der Entwicklung überhasten will! Nietzsche war aber ebensowenig und noch weit weniger Historiker als Arthur Schopenhauer. Für diese seine unhistorische, ihrem eigentlichen Wesen nach sogar streng antihistorische Denkart ist die noch zu wenig in ihrer Bedeutung gewürdigte zeitgemässe Betrachtung „Vom Nutzen und Nachteil der Historie für das Leben" ausserordentlich symptomatisch. Sie illustriert am besten das Bedürfnis des Ethikers höheren Stiles, die Historie, wenn der Ausdruck erlaubt ist, zu „ethisieren" und nicht im

Gegenteil die Ethik zu historisieren. Schon daraus ergibt sich die unausweichliche Einsicht, dass der Übermensch kein historisches, oder wie man auch sagen kann, kein soziales und politisches Problem ist. Was Nietzsche über das Kastenwesen und die Rassenzüchtung sagt, sind gleichsam freischwebende Hypothesen, nach geschichtlichen Belegen wird man umsonst in die Runde spähen. Wo man sie findet oder zu finden glaubt, dort trifft man eher ein vages Durcheinanderschillern unklarer und bloss in nebelhaften Umrissen festgehaltener historischer Daten und gänzlich willkürlicher Interpretationen dieser aus ihrem natürlichen Zusammenhang künstlich isolierten Phänomene. Nietzsche müsste, wenn seine Philosophie als ein Dringlichkeitsantrag zur Abstellung der auf der Basis der Sklavenmoral erwachsenen Misstände und zur Schöpfung des Übermenschen angesehen werden könnte, das Bedürfnis gefühlt haben, soziale Pädagogik zu treiben. Von all dem ist, auch bei aufmerksamem Zusehen, wenig zu finden. Was er zum Beispiel über die Ehe, „den Willen zu Zweien", sagt, ist erstens nicht sonderlich neu und wertvoll, dann enthält es auch keine positiven Massregeln für die „Erhaltung einer guten Zucht", ein Thema, das in den Zeiten naturalistischen Hochdranges sogar, wie man sich erinnern kann, Bühnenfähigkeit erlangte, sondern bezieht sich wieder bloss auf das Verhältnis des Individuums zur Idee des Übermenschen, wie sich unschwer im einzelnen nachweisen liesse. Wo Nietzsche, den Gepflogenheiten der evolutionistischen Schulen entsprechend, wirklich an die Vergangenheit anknüpft, um aus ihr die Notwendigkeit seiner Forderungen abzuleiten, hat er unverkennbar diesen auch die Darstellung jener angepasst. An seinen historisch philosophischen Konstruktionen ist nichts historisch, manches philosophisch, alles Konstruktion. Es ist darum unverkennbar, dass die Idee des Übermenschen sich nicht als unabweisbare Konsequenz aus dem kulturellen Milieu, in dem wir leben, ergab, noch nach evolutionistischer Interpretation sich als ein neues Glied dem wohlgefügten Zusammenhang organischer Entwicklungsstadien einreiht, sondern ihre Sanktion anderswo erhielt als in historischen Archiven oder in physiologischen Instituten. Wie klar spricht es doch, dass man immer vom Übermenschen redet und nie von den Übermenschen als Zukunftsgemeinschaft, die sich dem Kodex der Herrenmoral entsprechend konstituiert, dass diese im Grunde so natürliche Wendung unvermeidlich eine parodistische Färbung gewinnt, ja dass man den Singular zuweilen in den Plural hinüberspielt, um auf diesem kürzesten Wege einfacher grammatikalischer Abwandlung ein Argument gegen die Berechtigung jener Moraltheorie zu erhalten!

Daraus folgt freilich nicht, dass eine derartige Beweisführung zu billigen sei, aber es folgt wohl, dass selbst dort, wo der Verstand ausser Spiele bleibt, sogar die Instinkte sich gegen die unsinnige Identifizierung der Lehre Zarathustras mit der landläufigen Sozialphilosophie wehren. Worauf Nietzsche unmittelbar seine Idee gründete und in was für einem Umfang sich die ihr gegebene Unterlage als solide und tragfähig erweist, dieses zweifellos entscheidende Problem liegt nicht mehr innerhalb des Rahmens der hier gegebenen Erörterungen. Ich bestimmte allein ihr Verhältnis zum Evolutionismus, zur landläufigen Auffassung, die naturwissenschaftlich selber noch der Beglaubigung der Erfahrung bedürftigen Analogien in die Lehre des Philosophen hineininterpretiert. Angesichts der von mir erbrachten Belege wäre es bereits an der Zeit, dass man die alberne und ganz irreführende Phrase, Nietzsche habe mit seinem Übermenschen bloss den Darwinismus konsequent zu Ende gedacht und in seine fernsten Ergebnisse weitergeführt, beiseite liesse und derlei Zeitungsphrasen von einer sachgemässen Diskussion energisch fernhielte. Es lässt sich von Darwins Theorie der natürlichen Zuchtwahl mit bestem Willen kein Übergang zum Übermenschen konstruieren und die künstliche Fiktion dieses Überganges lag gar nicht in der Absicht Nietzsches. Umsonst oder aus blossem Mutwillen hat er sich nicht gegen die Identifizierung mit jenen Vertretern „der mittleren Region des europäischen Geschmackes" verwahrt, auch nicht um seine sonst in Frage gestellte Unabhängigkeit durch ein eigens zu diesem Zwecke gegen die geistigen Lehnsherren inscenierte Polemik zu dokumentieren. Es wird übrigens der Ruhm Nietzsches ebensowenig dadurch gesteigert, dass man ihn zum Nachtreter Darwins macht, als das Ansehen Goethes durch die famose, im jüngsten Deutschland zu so trauriger Popularität gelangte Floskel, die ihn als den „Vorgänger" des Briten feiert, sonderlich wachsen kann. Um einem Denker und Künstler die ihm gebührende Stellung im ganzen der Kulturentwicklung anzuzeigen, gibt es doch noch andere Koordinatensysteme, als die Descendenztheorie und die Darwinsche Naturphilosophie. Dieselbe Distanz, die zwischen den Leistungen Bacons, Descartes', Brunos und den epochalen Entdeckungen eines Kopernikus, Galilei, Harvey liegt, trennt die Behandlung biologischer Probleme von den selbständigen Schöpfungen der Philosophie. Es wäre auch schlimm, wenn metaphysische und ethische Gedankengänge nur durch den spärlichen Lichtschimmer, der von Zeit zu Zeit im Bereich der exakten Untersuchung aufleuchtet, erhellt würden. In so unmittelbarer Abhängigkeit stehen die stets den das ganze All umspannenden universalen Zusammenhängen hingegebenen

Denker doch nicht von den Zufälligkeiten, von denen das oft mit den gewagtesten hypothetischen Hilfsbegriffen operierende und auf die unbestimmten Ergebnisse des Experimentes angewiesene natürliche Erkennen getrübt ist. Es entspringt eben dem Geiste unseres zur Masslosigkeit in Historismus versunkenen Zeitalters — auch der Darwinismus ist Geschichtsphilosophie in ihrer Anwendung auf den lebenden Organismus — die Philosophie, oder wie man charakteristisch zu betonen liebt, die Philosophien als bloss historische Produkte aufzufassen, ebenso vergänglich wie das Kulturmilieu, aus dem sie entsprossen sind. Ob man nun zu dem am literarischen Tagesmarkte billigst zu beziehenden Universalheilmittel des ökonomischen Materialismus greift und den Kurpfuschern Gehör schenkt, die mit der richtigen Regulierung von Angebot und Nachfrage alle Welträtsel zu lösen glaubten, oder ob man andere höhere, aber auch variable Elemente für die treibenden Kräfte der philosophischen Spekulation hält, es bleibt eigentlich dasselbe, denn überall sinkt sie auf den Rang einer Fachdisziplin herunter, die nirgends auf bleibende Ergebnisse, nicht einmal auf bleibende Problemstellungen Anspruch erheben kann. Sicherlich gibt es eine Entwicklung der Philosophie und eine Abhängigkeit der philosophischen Entwicklung von den Einflüssen des Kulturmediums, aber der innere Kern der Probleme bleibt von diesem Wechsel und Wandel unberührt.

*   *   *

Ich glaube also, im Bisherigen den Standort Nietzsches klar fixiert zu haben. Der Übermensch ist eine Aufgabe für den Menschen, aber nicht als ein historisches Ausserhalb, dem man sich vorsichtig und planmässig nähern muss, sondern als eine stets lebendige Potenz im Menschen, welche von den hemmenden Elementen, die sich zum Symbol des letzten Menschen verdichten, frei werden soll. Darum ist es wünschenswert, dass man all die soziale Phraseologie aufgibt, mit der man Nietzsche beizukommen sucht. Seine Lehre liegt nicht auf dem Wege des „kommunistischen Manifestes" und des „Erfurter Programms", und nicht zwischen Essen und Manchester. Die ganze Reihe vulgärer Erklärungsversuche von jenen kühnen Geschichtsparodisten Marxistischer Observanz, der mit einer kaum zu überbietenden Selbstverleugnung die Kulturgeschichte durch sein dogmatisches Festhalten an der materialistischen Methode travestiert und in Nietzsches Ethik nichts weiter sieht, als die Blüte des Kapitalismus bis zu den resoluten Aufklärungsheroen, die darauf die Nutzanwendung im ungekehrten Sinne versuchen und den Philosophen gelegentlich aus den Niederungen des Feuilletons in die schwindligen Alpenregionen des Leitartikels hinauf eskamotieren, um einen neuen Gewährsmann für die in Misskredit geratenen Gemeinsätze eines längst in Brüche gegangenen, bloss an seiner Oberfläche individualistisch schillernden Liberalismus zu gewinnen, sollte vor einem unbefangenen Blick in die Schriften des Denkers verschwinden. Der Individualismus Nietzsches, die anthropozentrische Anschauung, die nicht an der problematischen und vieldeutigen Abstraktion des Gattungsbegriffes haften blieb wie die evolutionistische Moral und die so rasch in Umschwung gekommene Sozialethik, sondern, wie ich eben hervorgehoben habe, die Idealität des Individuums zur Geltung bringt, hat nichts gemeinsam mit jener individualisierenden Industriellenethik, die ihr Manko an humaner Gesinnung mit dem Mehrwerte, den sie täglich einzuheimsen weiss, zu decken gewohnt ist.

VI. Die ewige Wiederkunft des Gleichen als Symbol

Die hier gewonnene Auffassung des Übermenschen als einer im Menschen selber latenten Fähigkeit, oder, klarer gesagt, eines Maximums an Fähigkeiten, die nicht als eine Funktion der organischen und sozialen Entfaltung anzusehen sind, sondern jederzeit durch die Kraft seines Wollens wach werden können, wird wirksam durch die Lehre von der ewigen Wiederkunft des Gleichen ergänzt. Da ist kein kompliziertes Problem mehr, vor dem man Halt machen müsste, ohne es bewältigen zu können. Der vermeintliche Widerspruch tritt zurück vor einer höheren Synthese. Dieser Widerspruch schien darin zu liegen, dass die Unendlichkeit des Werdens, die durch das Postulat des Übermenschen gefordert war, durch die andere These negiert wurde. Auch ist nicht bloss der logische Kern, sondern ebenso die ethische Grundstimmung beide Male eine durchaus verschiedene. Der Übermensch liess das Individuum in der Gattung aufgehen, die ewige Wiederkunft lässt die Gattung in dem Individuum aufgehen. Aber die dieser Antithese vorausgesetzte Auffassung des Übermenschen erwies sich für die Dauer nicht als haltbar. Es ist von nöten, hier noch einmal über die einzelnen Stadien, die wir in der Definition des Übermenschen und der davon abhängig zu setzenden Regelung seiner Beziehung zur Idee der ewigen Wiederkunft, zurückgelegt haben. Die erste zunächstliegende Auffassung war die, in der Lehre vom Übermenschen ein sozusagen aktuelles Tagesprogramm zu erblicken, das das Interesse der Menschen bloss für einen bestimmten Termin und für bestimmte Zwecke in Anspruch nahm. Es zeigte sich aber, dass diese Auslegung ihr Objekt jeder Dignität beraubte, weil sie bloss den drängenden Bedürfnissen des Augenblickes und keinen bleibenden Dispositionen Rechnung trug. Die schrankenlose Entwicklungstendenz durfte nicht auf einen bestimmten Inhalt eingeschränkt werden. Der Mensch sollte immer und überall zum Übermenschen empor wollen. Die Endlosigkeit der Entwicklung, der möglichen Entwicklung, gab eben das Substrat ab für diese moralische Forderung. Damit büsste der Begriff des Übermenschen alle materielle Erfüllung ein und gewann einen rein formalen Charakter. Es war aber ein Formalismus, der für diesen Verlust nach keiner Seite einen Ersatz bot, ein Formalismus, der sich aber bei exakter Analyse als die unvermeidliche Konsequenz jeder evolutionistischen Ethik erwies, die ihre eigenen Voraussetzungen nicht durch die Aufnahme fremder Elemente in Frage stellt. Der Übermensch enthielt also als Bildungsfaktoren auf dieser Stufe der Deduktion in sich den Begriff der Entwicklung und den Begriff der unendlichen Zeitreihe, in der diese Entwicklung sich vollziehen konnte. Da aber der Begriff der Entwicklung alles Inhalts entkleidet war und bloss das formale Moment einer Wachstumstendenz überhaupt resultierte, so schrumpfte er streng genommen auch auf die Vorstellung einer rhythmischen Aufeinanderfolge verschiedener Phasenzustände zusammen, die nicht viel inhaltsreicher ist als die abstrakte Zeitvorstellung. Der Begriff des Übermenschen deckte sich hier also mit dem konsequent zu Ende gedachten Begriff der Evolution. Desto unüberbrückbarer zeigte sich der Widerspruch mit der ewigen Wiederkunft des Gleichen. Aber die Kritik des Evolutionismus enthüllte, woran es diesem gebrach. Sie zeigte ferner, dass der Übermensch andere Zwecke verfolge als die mit ihm fälschlich identifizierte britische Lehre. Zarathustra appelliert an keinen Naturforscherkongress, sondern an die ethischen Bedürfnisse im Menschen. Das Ideal sollte eine freie Schöpfung des Wollens sein und nichts, woran das Wollen erst nachträglich einen beschränkten Anteil gewinnt, wie an einem Fortschritte, der physiologisch konstatiert wird. Der Übermensch ist eine Potenz des Menschen, und was das wesentliche, er ist eine Potenz im Menschen. Die Konstruktion des Ideales ist demnach dasjenige, worauf es zunächst ankommt, die Frage seiner Realisierbarkeit im Verhältnis zu den äusseren Umständen steht erst an zweiter Stelle. Immerhin ist insofern mit dieser weiteren Begriffsbestimmung kein Fortschritt über das vorige Stadium und auch kein eventueller Rückgang zum ersten erzielt worden, als sie vorläufig rein formaler Natur ist und einer Anwendbarkeit auf jeden denkbaren Inhalt Raum gibt. Ich habe gezeigt, dass der Übermensch, um überhaupt zu sein, in uns sein muss. Was der Übermensch in uns ist, nach Art und Umfang, steht einstweilen dahin. Bisher ist bloss die Lokalisation gelungen. Man weiss nunmehr, wo man den Übermenschen zu suchen habe, nicht aber, was man in ihm zu suchen habe. Oder man wird, da es sonst ein albernes Spiel mit völlig leeren Begriffen wäre, das letztere bloss gefühlsmässig, nicht in denkender Überlegung erfassen können. Es wird aber auch die inhaltliche Darstellung des Übermenschen überall abhängig und in hohem Masse vorbereitet durch die gleichsam lokale Bestimmung, die ihn vom Gebiet der Physiologie und Historie dem Gebiet der Psychologie und Erkenntnistheorie zuführt. Deshalb war es geboten, dort zu beginnen, wo die umfassendsten Aufschlüsse darüber zu erwarten waren und erst die Diskussion des Formalen zu beenden, bevor die Analyse des Materiellen in Angriff genommen wurde.

Es ist das Durchlaufen verschiedener Stadien aber nicht in der Art vorzustellen, dass auf der einen Haltstelle negiert werde, was auf der vorigen noch in positiver Fülle gesetzt war. Man hat eher an eine Kontraktion und synthetische Verarbeitung verschiedener, einander gegenüberliegender Elemente zu denken.

1. Was entschieden zurückgewiesen werden musste, war der Übermensch als soziales und politisches Programm. Insofern freilich erschien die Forderung, ihn mit bestimmten Prädikaten auszustatten, gerechtfertigt, als er natürlich, um, wenn auch bloss gedanklich, existieren zu können, inhaltlich bestimmbar sein muss. Aber der Ausgangsort war anderswo zu gewinnen, als am politischen Tagesmarkt. Die Erörterung musste daher wieder ins Formale umgelegt werden.

2. Die nächste Stufe war der Evolutionismus. Seine klare Erfassung verlangte die Scheidung von Materie und Form und die Ausscheidung jener zugunsten dieser. Aber die Kritik konnte dabei nicht Halt machen. Sie durfte die evolutionistische Idee an der Wurzel ergreifen, da sie, bei Licht besehen, ihrer materiellen Basis beraubt, in vage Schattenbilder zu zerflattern drohte. Dennoch sind uns eben hier auf diesem Standorte, trotz der Unvermeidlichkeit seiner endgültigen Elimination, eine Reihe für die korrekte Interpretation des Übermenschen ausserordentlich wertvoller Bestimmungen erwachsen. Sie behalten mit entsprechender Modifizierung ihre Giltigkeit selbst auf dem neuen von uns zum Schlusse betretenen Boden bei.

3. Es sollte der Übermensch freilich nicht lediglich in die Zukunft versetzt werden, sondern eine schlummernde Möglichkeit im Menschen selber repräsentieren. Aber mit dem Evolutionismus sind jene leitenden Grundsätze noch nicht ausgeschaltet, die ich hier in Kürze rekapitulieren will. **Der Übermensch ist ein Postulat in Permanenz.** Der Satz ist mit voller Präzision auch in seiner neuen Anwendung festzuhalten. Er gilt aber nicht mehr für das Verhältnis des Menschen der Gegenwart zum Menschen der Zukunft, sondern für das des Menschen zum Übermenschen in ihm. Auch dieses Verhältnis ist konstant und damit die immerwährende Erneuerung des Postulates. Die Distanz soll eben so gewählt werden, dass bloss von einer unendlichen Annäherung an das ideale Endziel die Rede sein darf. **Der Übermensch ist die objektivierte Idee der Ewigkeit.** Diese Formulierung ist wie die evolutionistische Voraussetzung derselben am ehesten bloss transitorischer Natur. Die Ewigkeit scheint nur auf die endlose Dauer der Zukunft bezogen werden zu können. Aber wie die Konzeption des Unendlichkeitsbegriffes überhaupt dem Subjekt zugehört, so muss man dem Distanzverhältnis eine subjektivistische Wendung geben, indem man es wieder als den Abstand ansieht, der zwischen dem Menschen und dem Übermenschen liegt. Dann geht ein Umsatz aus dem extensiven Begriff der Ewigkeit in den intensiven vor sich. Die Unendlichkeit darf nicht gleichsam statisch gedacht werden als eine ruhende Zeitlinie, sondern dynamisch in dem Aufwand eines unerschöpflichen Kraftmasses zur stufenweisen Erreichung des idealen Vorbildes. Die Unendlichkeit des Wollens braucht ein Sinnbild, an dem sie sich emporrankt. Dieses Sinnbild ist der Übermensch. Die subjektivistische Interpretation des zweiten Satzes führt uns der dritten Bestimmung zu.

Der Übermensch ist kein Objekt, sondern eine psychologische Funktion. Dies ist die Formel, die am wenigsten die Züge des Evolutionismus trägt und darum ohne weiteres bei der Veränderung des Standpunktes in die neue Anschauung übergehen kann. In ihren hier dargelegten Konsequenzen ist sie bereits antievolutionistisch, denn sie verflüchtigt den Begriff des Übermenschen nicht in die inhaltslose Vorstellung einer bloss möglichen und ewig werdenden Zukunft, sondern verlangt, im Menschen selber die grundlegenden Voraussetzungen aufzuzeigen. Sie setzt die Psychologie vor allem in ihre Rechte ein. Was in dieser Analyse also geleistet werden sollte, war die Lokalisation des Übermenschen. Was in ihr nicht geleistet werden konnte, war seine inhaltliche Bestimmung. Sie konnte bloss vorbereitet werden und muss noch umfassender durch die Erörterung der Lehre, auf die wir bloss in einem langen Umwege loszusteuern vermochten, vorbereitet werden, die Lehre von der ewigen Wiederkunft.

Diese Lehre ist es, die jetzt ihre Deutung erhalten soll. Sie wird sich auf der höheren Stufe kritischer Erörterung als vereinbar mit dem Postulat des Übermenschen erweisen, sogar als sein notwendiges Komplement. Da ich früher gezeigt habe, dass auch mit dem Ideale der Gattung bloss der Wert, der unendlich potenzierte Wert des Individuums gesetzt war, dass der Ausblick auf die Zukunft des Geschlechtes gleichsam als Hebel diente, um den Menschen auf ein höheres Niveau zu heben, ist es nicht mehr nötig, nach einer Vermittlung der angeblich unvereinbaren Gegensätze zu suchen. Es kommt nach den vorangehenden Untersuchungen alles darauf an, der Idee der ewigen Wiederkunft die entsprechende Auslegung zu geben.

Man sieht bald, dass es nicht etwa theoretische Erwägungen waren, die dem Philosophen die Hypothese eines kosmischen Kreislaufes aller Vorgänge nahe legten und die ewige Wiederkunft des Menschen bloss als Anwendung der in streng sachlicher Forschung gewonnenen Überzeugung auf einen einzelnen gegebenen Fall kennzeichneten. Nicht umsonst habe ich der Reihe nach die Schwäche aller zugunsten der erwähnten These verwendbaren Argumente gezeigt. Bloss logische Erwägungen würden ihm keinen Anlass geboten haben, den schwindligen Hypothesenbau inmitten der grünen Weide einer antimetaphysischen Aphoristik aufzuführen. Es war ein praktisches, ein eminent praktisches Bedürfnis, das Nietzsche von der Region des Positivismus dem undurchdringlichen Dickicht einer vagen Gefühlsmetaphysik zudrängte. Dieses praktische Bedürfnis war eben die scharfe Betonung der individualistischen Tendenz, die in der Leugnung der Vergänglichkeit des Einzelmenschen ihren vollen Triumph feiern musste. Allerdings, es bedarf auch hier feiner Distinktionen. Wie der Begriff des Übermenschen eine stufenweise zunehmende individualistische Prägung bekam, so soll die Idee der ewigen Wiederkunft des Gleichen dieser Auffassung ihrerseits auf halbem Wege entgegenkommen, aber sie auch verdeutlichen und besonders das inkludierte Prinzip des Individualismus von all den zeitgemässen Irrtümern und entstellenden Zusätzen, die ihm von den Hetzpfaffen der Mode angeheftet werden, reinigen und zu lückenloser Klarheit erheben. Die folgenden Erörterungen bewegen sich also um jene auch sonst in den Vordergrund geschobene und zum Leitmotiv meiner Studie dienende Idee. Hier ist ebenso wie im Vorangehenden Vorsicht von nöten. Was auf der

Oberfläche liegt und sich gleichsam von selber dem Betrachter darbietet, muss gemieden, was sich mehr in die Tiefe zurückzieht, durch fortgesetzte Analyse zum Vorschein gebracht werden. Die Idee der ewigen Wiederkunft scheint zu keinerlei Zweideutigkeiten Anlass geben zu können. Es verhält sich mit ihr aber, und nicht zum Vorteile der betreffenden angeschlossenen Auslegungen, umgekehrt wie mit dem Begriff des Übermenschen. Sie sagt alles und darum im Grunde genommen nichts, dieser sagte vorderhand nichts, und darum konnte man ihm alles unterschieben. Beim Übermenschen war die Tendenz unklar, bei der ewigen Wiederkunft der Grund. Dort wusste man nicht, wohin der Ruf wollte, hier wusste man nicht, woher der Ruf kam. Um ihrer selber willen durfte die Idee der ewigen Wiederkunft nicht verkündet werden, und mehr als sich hatte sie zunächst nicht zu bieten. Alles war bereits unzählige Male da und wird unzählige Male wiederkehren. Gesetzt auch, es wäre theoretisch genügend Beweismaterial für die abenteuerliche Behauptung vorhanden, so fragt es sich, warum denn ein mathematisches oder physikalisches Faktum mit so vielem Aplomb festgehalten zu werden verdient. Es kann ein Schrei der Verzweiflung sein, eine dumpfe Vorahnung ewiger Wiedergeburten, und es kann eine Aufforderung sein, den qualvollen Todesgedanken für immer hinter sich zu werfen. Noch weitere Möglichkeiten liegen offen. Die Wahl wird umso schwerer, wenn es an einer sicheren Direktive mangelt. Soviel ist aber klar: um ein gemeines Trostmittel handelt es sich nicht. Jede vulgäre hedonistische Deutung, die anscheinend auf der Hand liegt, ist fernzuhalten. Nicht darauf kommt es an, sich unzählige Male auf dem Schauplatz der Freude wiederzufinden, ganz abgesehen davon, dass mit der Lust auch der Schmerz von neuem gesetzt wäre, dass ihre Wirkungen sich neutralisierten und alle Fragwürdigkeiten des Menschendaseins ins Unendliche gesteigert würden. Frohlockend kann der alte Mensch die neue Kunde nicht aufnehmen, ebensowenig wie das Evangelium des Übermenschen. Erst der neue Mensch wird auch für sie das richtige Organ besitzen. Dem Eudämonismus ist damit in keiner Art Vorschub geleistet, ob er nun aufrichtig Farbe bekennt, oder soziale Phrasen vorschützt. Der beste Kommentar dafür sind die überaus charakteristischen Worte in „la gaya scienza", die Nietzsche auch mit der Überschrift „Das grösste Schwergewicht" besonders betont haben wollte: „Wie, wenn dir eines Tages oder Nachts ein Dämon in deine einsamste Einsamkeit nachschliche, und dir sagte: Dieses Leben, wie du es jetzt lebst und gelebt hast, wirst du noch einmal und noch unzählige Male leben müssen; und es wird nichts Neues daran sein, sondern jeder Schmerz und jede Lust und jeder Gedanke und Seufzer und alles unsäglich Kleine und Grosse deines Lebens muss dir wiederkommen und alles in derselben Reihe und Folge — und ebenso diese Spinne und dieses Mondlicht zwischen den Bäumen und ebenso dieser Augenblick und ich selber. Die ewige Sanduhr des Daseins wird immer wieder umgedreht — und du mit ihr, Stäubchen vom Staube!" Würdest du dich nicht niederwerfen und mit den Zähnen knirschen und den Dämon verfluchen, der so redet? Oder hast du einmal einen ungeheuren Augenblick erlebt, wo du ihm antworten würdest: „Du bist ein Gott, und nie hörte ich Göttlicheres!" Wenn jener Gedanke über dich Gewalt bekäme, er würde dich, wie du bist, verwandeln und vielleicht zermalmen; die Frage bei allem und jedem: „Willst du dies noch einmal und noch unzählige Male?" würde als das grösste Schwergewicht auf deinem Handeln liegen! Oder, wie müsstest du dir selber und deinem Leben gut werden, um nach nichts mehr zu verlangen, als nach dieser letzten ewigen Bestätigung und Besiegelung?" Das ist deutlich gesprochen. Vor der blossen Möglichkeit der Idee einer ewigen Wiederkehr verschwindet jeder Egoismus. Sie lässt nichts hoffen und nichts befürchten. Sie stellt das Individuum bloss vor die eine abschliessende und entscheidende Frage: Kannst du wollen? Die Antwort darauf setzt aber eine völlig veränderte Auffassung des Lebens voraus. Der Mensch sieht die grösste aller Denkbarkeiten vor sich, freilich wieder nur in Gedanken, aufgerollt; nun mag er zusehen, was er ihr aus Eigenem entgegenbringt. Das ist keine Frage an das Schicksal mehr, wobei wir voll von Erwartungen auf Bescheid horchen. Das ist eine Frage des Schicksals an uns. Es ist eine Möglichkeit, verglichen mit dem, was wir in uns selber verwirklicht haben. Also kein Wunsch und keine Sehnsucht, die nach dem jenseitigen Ufer langen, nichts, was nach der Erfüllung drängt und nichts, dem vor der Erfüllung bangt. Überhaupt nichts, was in Raum und Zeit seinen Sitz hat. Es ist ein Massstab, an dem wir uns bestimmen, es ist ein Sollen, dem nichts auf der Seinsseite korrespondiert. Man darf also die ewige Wiederkunft nicht suchen oder wollen: man muss sie ausdenken. Man muss sie in Beziehung setzen zu dem, was man erlebt. Denn sie ist nicht mehr als das geistige und seelische Medium, durch das hindurchblickend man seine Handlungen und Erlebnisse beurteilen soll. Sie ist also nicht abhängig von unserem Intellekte, sondern unser Intellekt ist von ihr abhängig. Sie tangiert nirgends das Problem des Erkennens, überall aber das Problem des Wertes.

Jede unserer Handlungen und Regungen soll den Anspruch auf Ewigkeit erheben dürfen, soll der Ewigkeit wert sein. Der Mensch soll sein Dasein betrachten, als ob er es in jedem Augenblick für ungezählte Male reproduzierte. Es ist also nicht die Zeit als Ganzes, als ein unaufhörliches Weiterrücken des Stundenzeigers, das alles Sein in den Schlund der Vergangenheit wirft, aus dem es nie wieder emporzutauchen vermag, sondern die Zeit in ihrer verschwindenden Kleinheit, die Zeit als Differenzial, die Flucht des Augenblickes, die dergestalt überwunden werden sollen. Dem vergänglichen Individuum, das sich in einer kontinuierlichen Mannigfaltigkeit aneinandergereihter Zeitatome zu verlieren droht, wird seine ethische Dignität restituiert. Es bleibt und beharrt bei allem Wechsel und das Material, das sich vom Gebäude der Zeit abbröckelt, lässt seinen Kern unberührt. Alles Geschehene betrachtet es nunmehr sub specie aeternitalis, da es sich hinter demselben weiss. Damit lebt das Bewusstsein der moralischen Verantwortlichkeit in voller Stärke auf. Nichts wird zu nichts, denn nichts vergeht. Es gibt bloss ein Sein für die Ewigkeit. In unsere Hand ist nicht allein das Schicksal unserer jetzigen, sondern auch unserer ewigen Existenz gegeben. Ein schales Trostwort liegt nicht in dieser Apotheose des Lebens, sondern eine erhabene Aufforderung, der tieferen Lebensbestimmung eingedenk zu bleiben. Sie wird zur sichersten Direktive für unsere moralische Auffassung, denn sie enthüllt die weiteste aller Perspektiven, sie lässt gleichmässig am fernsten schauen und am tiefsten. So wird auch, wie der Übermensch, die ewige Wiederkunft zur Idealität und zum Symbol.

Dass diese Auslegung keine willkürliche und nicht aus der Luft gegriffen ist, lehrt vor allem der Aufbau und die Komposition des Hauptwerkes „Also sprach Zarathustra", das nicht als ein bloss mechanisches Gemenge von Traktaten und Monologen zu betrachten ist, sondern überaus kunstvoll das Einzelne zum Ganzen fügt. Das Postulat des Übermenschen führt von selber hinüber zur Idee der ewigen Wiederkunft. Das Symbol der Sonne, die Zarathustra den Pfad vorleuchtet, die von ihrem Überflusse gibt und in ihrem Reichtum untergeht, ist bereits nach dieser Seite hin bedeutsam. Indem der Mensch sich an die Welt hingibt, in ihr aufgeht und vergeht, bleibt er ihr Licht und ihr Leben. Mag die Schlange Kluges ersinnen, mag der Flug des Adlers die Sterne erreichen, die Sonne allein bleibt siegreich, da sie den ewigen Kreislauf ewig vollendet. Zarathustra verkündet den Übermenschen; er lehrt ihn am letzten Menschen, gegen den letzten Menschen. Der Übermensch wird aus uns, denn er ist in uns. Aber vieldeutig ist der

Sinn dieser Verkündung, denn allzu zahlreiche Möglichkeiten sind in dem Menschen eingeschlossen. Erst die Auswahl schafft den Übermenschen, und das Prinzip der Auswahl liegt vorderhand im Dunkeln. Zarathustra geht freilich wegweisend voran. Er knickt das Gestrüpp der Pseudomoral und der Sittenlüge, das den Pfad sperrt. Aber das Dickicht bleibt undurchdringlich, und das Auge des Tags lugt nur hier und dort herein. Denn Zarathustra wendet sich vorderhand bloss gegen Feinde und noch nicht gegen den Feind, und er spricht für manches, was dem Übermenschen dient, allein noch nicht für das, was den Übermenschen macht. Vielleicht sogar schwächt das bunte Vielerlei an praktischen Lehren, die er erteilt, den Blick für die unveräusserliche Einheit des Ideales. Der Übermensch will nicht bloss in einzelnen Zügen festgehalten, sondern spontan in seinem Ursprunge erfasst werden. Es kommt nicht auf die anatomische Zergliederung, sondern auf die schaffende Intuition an. Nietzsche geht indessen nicht so schnell zu Werk. Er überfällt uns nicht mit der Lösung des Problems, sondern lässt sie nur ahnen. Der erste Teil des Zarathustra ist mehr nach der Breitendimension angelegt. Viele Tugenden statt einer, ein kritisches Destillationsverfahren, das sie von ehrwürdigem Unrat reinigen will. Zarathustra lehrt, wie der Übermensch sein soll, oder vielmehr, wie er nicht sein soll, aber er zeigt nicht die Quelle, aus der die neue Offenbarung quillt. Er leitet sie in Kanäle, um die irdischen Gefilde zu befruchten, aber der Blick reicht nicht zu ihren Ursprüngen. Er sieht bloss mancherlei, was zum Übermenschen gehört, nicht aber die erste Voraussetzung, aus der dieser selber begriffen wird.

Schon der zweite Teil trägt ein anderes Gepräge. Er ist innerlicher, tiefer, gleichsam heimlicher. Wir belauschen Zarathustras Einsamkeit. Und das Warum, das vorher verstummen musste, drängt sich uns gebieterischer auf die Lippen. Das Rätsel beginnt sich zu entfalten. Vordem hielt es sich hinter Imperativen verborgen, die das Ohr, aber nicht das Auge berieten. Indessen, Imperative erscheinen nur an der Oberfläche und halten sich in einem permanenten Schwebezustand, der kein Gleichgewicht hat und keinen ruhenden Schwerpunkt. Was Zarathustra gebietet, geht vom Mund zum Ohre, von Oberfläche zu Oberfläche. Das Echo aber trübt nur und enträtselt nichts. Das Gebot, das ihm befiehlt, bleibt in der Tiefe. Die Monologe Zarathustras freilich decken Gründe und Abgründe auf. Was er in seinen Reden an die Auserwählten des neuen Glaubens formt und bildet, den Übermenschen, ist hier unmittelbar erlebt. Die Erlebnisse aber sind die sichersten Kommentare.

Lyrische Stücke wie „Das Nachtlied", „Das Tanzlied", „Das Grablied", „Die stillste Stunde" greifen in das unsichtbare Zentrum, während jene an der Peripherie umhertasten. Was die einen in extenso zur Darstellung bringen wollen, das enthüllen die anderen in unmittelbar intensiver Betrachtung. Auch hier konzentrieren sich beide noch auf den Übermenschen. Der ewigen Wiederkunft des Gleichen geschieht noch keine Erwähnung.

Im dritten Teile erst kommt sie zum Ausdrucke und rückt mehr und mehr in den Vordergrund. Gegen Anfang taucht sie spontan auf, gegen Ende dominiert sie bereits. Die Mitte füllt wieder das analytische Detail. Nach zwei Seiten entfaltet sich also das Thema, einmal zum Übermenschen hin und dann zur neuen Lehre. Ursprünglich scheinen die Probleme parallel zu laufen, das eine greift nicht zum andern hinüber, man vermisst sogar jede Spur einer Verbindung. Aber bezeichnenderweise erscheint die Idee der ewigen Wiederkunft des Gleichen zuerst, in dem Stücke „Von Gesicht und Rätsel", als die furchtbarste Möglichkeit, als die Möglichkeit wider Willen. Von einem freudigen Zugreifen ist nicht die Rede; sie heroisch auf sich nehmen, ist das einzige, was übrig bleibt. Der Übermensch ist die Überwindung der Schwerkraft; die ewige Wiederkunft zieht ihn wieder in ihr Wirkungsfeld, denn sie knickt ihn wieder zum letzten Menschen und das Kleinste wiederholt sich mit dem Grössten. Aus diesem Wirrsal gibt es aber einen Weg durch innere Erleuchtung. Zarathustra, der Einsamste, hat ihn entdeckt. Das Stück „Der Genesende" bringt die Wandlung und den endgültigen Sieg. Das Furchtbar-Erhabene übermannt ihn anfänglich. Aber er weiss, aus welchen Tiefen es emporgestiegen ist. „Herauf, abgründlicher Gedanke, aus meiner Tiefe, ich bin dein Hahn und Morgengrauen, verschlafener Wurm: auf! auf! Meine Stimme soll dich schon wach krähen!" „Und bist du erst wach, sollst du mir ewig wach bleiben. Nicht das ist meine Art, Urgrossmütter aus dem Schlafe wecken, dass ich sie heisse — weiterschlafen! Du regst dich, dehnst dich, röchelst? Auf! auf! Nicht röcheln, reden sollst du mir! Zarathustra ruft dich, der Gottlose! Ich, Zarathustra, der Fürsprecher des Lebens, der Fürsprecher des Leidens, der Fürsprecher des Kreises — dich rufe ich, meinen abgründlichsten Gedanken! Heil mir! Du kommst — ich höre dich! Mein Abgrund redet, meine letzte Tiefe habe ich ans Licht gestülpt! Heil mir! Heran! Gib die Hand — — ha! lass! Haha — — Ekel, Ekel, Ekel — — — wehe mir!" Es ist ein Gemenge dithyrambischer Stimmungen und verzweifelter Abscheu. Noch lichtet sich das Dunkel nicht, das über der ganzen Konzeption schwebt. Zarathustra aber reisst sie ans Licht und vermag selbst den Ekel vor dem letzten Menschen in der Idee der ewigen Wiederkunft zu überwinden. Denn alle, auch die schlimmsten Eventualitäten verschwinden vor dieser einen grössten Möglichkeit, die jede Schranke des Lebens niederreisst und es ins Unermessliche erweitern will. „Singe und brause über, oh Zarathustra, heile mit neuen Liedern deine Seele: dass du dein grosses Schicksal tragest, das noch keines Menschen Schicksal war! Denn deine Tiere wissen es wohl, oh Zarathustra, wer du bist und werden musst: Siehe, du bist der Lehrer der ewigen Wiederkunft — das ist nun dein Schicksal! Dass du als Erster diese Lehre lehren musst, — wie sollte dies grosse Schicksal nicht auch deine grösste Gefahr und Krankheit sein! Siehe, wir wissen, was du lehrst: dass alle Dinge ewig wiederkehren und wir selber mit, dass wir schon ewige Male dagewesen sind und alle Dinge mit uns. Du lehrst, dass es ein grosses Jahr des Werdens gibt, ein Ungeheuer von grossem Jahr: das muss sich, einer Sanduhr gleich, immer wieder von neuem umdrehen, damit es von neuem ablaufe und auslaufe: — so dass alle diese Jahre sich selber gleich sind, im Grössten und auch im Kleinsten, — so dass wir selber in jedem grossen Jahr uns selber gleich sind, im Grössten und auch im Kleinsten. Und wenn du jetzt sterben wolltest, oh Zarathustra, sieh, wir wissen auch, wie du da zu dir sprechen würdest: — aber deine Tiere bitten dich, dass du noch nicht sterbest! Du würdest sprechen, und ohne Zittern, vielmehr aufatmend vor Seligkeit: denn eine grosse Schwere und Schwüle wäre von dir genommen, du Geduldigster! — „Nun sterbe und schwinde ich, würdest du sprechen, und im Nu bin ich ein Nichts. Die Seelen sind so sterblich wie die Leiber. Aber der Knoten von Ursachen kehrt wieder, in den ich verschlungen bin, — der wird mich wieder schaffen! Ich selber gehöre zu den Ursachen der ewigen Wiederkunft. Ich komme wieder, mit dieser Sonne und mit dieser Erde, mit diesem Adler, mit dieser Schlange — nicht zu einem neuen Leben oder besseren Leben oder ähnlichen Leben: — ich komme ewig wieder zu diesem gleichen und seligen Leben, im Grössten und auch im Kleinsten, dass ich wieder aller Dinge ewige Wiederkunft lehre, dass ich wieder das Wort spreche vom grossen Erden- und Menschen-Mittage, dass ich wieder den Menschen den Übermenschen künde. Ich sprach mein Wort, ich zerbreche an meinem Wort: so will es mein ewiges Los —, als Verkündiger gehe ich zu Grunde! Die Stunde kam nun, dass der Untergehende sich selber segnet. Also — endet Zarathustras Untergang." — — Die letzten Worte geben den Schlüssel zu dem ganzen Gedanken der ewigen Wiederkunft, besonders für sein Verhältnis zum Übermenschen. Im Übermenschen, sofern die Erfüllung des Postulates in die Zukunft gesetzt, negiert sich der Mensch; in der ewigen Wiederkunft des Gleichen bejaht er sein Dasein. Er **verflucht** sich zum **Übermenschen**, er **segnet** sich zur **ewigen Wiederkunft**. Zarathustra geht als Verkündiger zu Grunde, die höhere Menschheit folgt seinen Spuren. Zarathustra feiert seine Auferstehung, hinter Abendröte und Morgenröte wohnt ein neuer Mittag. Zarathustra verkündet den Übermenschen: Also begann Zarathustras Untergang; Zarathustra verkündet die ewige Wiederkunft: Also endet Zarathustras Untergang. Er gab, seiner selbst sich zum Übermenschen entäussernd, sich an die Welt hin; nunmehr kehrt die Welt zu ihm zurück.

Das Verhältnis ist bei all dem bloss in groben Umrissen angedeutet. Man erfährt nun beiläufig, dass der Idee der ewigen Wiederkunft eine noch höhere Dignität beigelegt wird als dem Postulat des Übermenschen. Aber die Gegensätze sind nicht ausgeglichen, die Gedanken wohnen nicht beieinander, sondern kämpfen um den Raum. Wie Ja und Nein verhalten sich der Untergang und das Ende des Unterganges. Dass die beiden Ideen von derselben Quelle gespeist sind, ist noch nicht sichtbar geworden. Es wird auch im Folgenden nicht sichtbar, wo Zarathustra mit dem Leben in ein Zwiegespräch tritt. Dieses gipfelt im „trunkenen Lied", abermals also in der ewigen Wiederkunft des Gleichen. Der Schwerpunkt verschiebt sich mit einem Male nach der anderen Seite, und es ist der Übermensch gleichsam in der Schwebe gelassen. Das nächste Stück, „Die sieben Siegel", der Beschluss des dritten Teils, bringt mehr Licht. Es konzentriert sich hier zwar wieder alles auf die Idee der ewigen Wiederkunft, aber der Übermensch kommt, wenn auch nebenbei, doch zu Rechte. Was hier Ausdruck findet, bestätigt vollkommen meine obigen Ausführungen. Bloss der **Übermensch im Menschen**, bloss was im Menschen nach dem Übermenschen drängt, der Übermensch als Ideal und Potenz, hat ethischen Sinn und ist des ewigen Lebens wert. Alles mündet in die Idee der Ewigkeit. Die Zukunft als Motiv und nicht das, was in der Zukunft liegt, die Entdeckerlust und Entdeckersehnsucht und nicht die entdeckte neue Erde ist Ziel und Zweck. „Wenn ich dem Meere hold bin und allem, was Meeres-Art ist, und am holdesten noch, wenn es mir zornig widerspricht: wenn jene suchende Lust in mir ist, die nach Unentdecktem die Segel treibt, wenn eine Seefahrer-Lust in meiner Lust ist: wenn je mein Frohlocken rief: „Die

Küste schwand — nun fiel mir die letzte Kette ab — das Grenzenlose braust um mich, weit hinaus glänzt mir Raum und Zeit, wohlan! wohlauf! Altes Herz!" — O, wie sollte ich nicht nach der Ewigkeit brünstig sein und nach dem hochzeitlichen Ring der Ringe, — dem Ring der Wiederkunft? Nie noch fand ich das Weib, von dem ich Kinder mochte, es sei denn dieses Weib, das ich liebe: denn ich liebe dich, oh Ewigkeit!" Denn ich liebe dich, oh Ewigkeit! Zarathustra sagt Ja und Amen zum Leben. Er will es ewig von neuem. Am Horizont steht der Übermensch; hinter dem Horizont, hinter allem Horizont, die alte Menschheit im alten Gewand. Der Triumph des Lebens will den Übermenschen, will auch den Übermenschen, denn nicht allein ihn will er. Noch mehr, die Evolutionisten, die sich an Nietzsche anzubiedern lieben, erhalten einen Refus in optima forma. Zarathustra verschmäht es, mit einem Weibe Kinder zu zeugen. Sein Verlangen greift über Zukunft und Zukünfte nach der Unendlichkeit. Mehr als den Übermenschen begehrt er immer wieder die Tiefe des eigenen Lebens zu schauen. Bloss der Ewigkeit will er sich vermählen, um selber ewig zu werden, um selber sein Dasein ewig zu erneuen. Es kann keine schroffere Zurückweisung des Evolutionismus geben. In diesem siegreich auflodernden Vollgefühl der moralischen Persönlichkeit bleibt kein Platz für Entwicklungsideale und Menschenzüchtung.

Der vierte Teil bringt die Lösung. Zarathustra entgeht der Versuchung des Mitleides und läutert die höheren Menschen, die noch in alten Fesseln gefangen sind, aber halben Fusses bereits im neuen Leben stehen, zu seiner Erkenntnis. Sie feiern das Fest der Genesenden. Zarathustra hat sie des Lebens Sinn gelehrt, und sie wollen wieder zum Leben. Da führt er sie, um des höchsten Erkennens teilhaftig zu werden, zur Mitternachtsglocke, die aus der Tiefe schallt. Wieder singt er „das trunkene Lied", diesmal mit einem ausführlichen Text in Verbindung, der jede Zeile einzeln ausführlich glossiert. Dieses Lied, das in wenigen Worten die ganze Weltanschauung Nietzsches enthüllt, ist der Schlüssel aller bei ihm zur Geltung gelangenden Probleme.

    O Mensch! Gib acht!
    Was spricht die tiefe Mitternacht?
    „Ich schlief, ich schlief —
    Aus tiefem Traum bin ich erwacht: —
    Die Welt ist tief,
    Und tiefer, als der Tag gedacht.
    Tief ist ihr Weh —

> Lust — tiefer noch als Herzeleid:
> Weh spricht: Vergeh!
> Doch alle Lust will Ewigkeit —
> — will tiefe, tiefe Ewigkeit!"

„Die Welt ist tief, ist tiefer, als der Tag gedacht." Der Tag ist im allgemeinen das Symbol der den klaren Seiten des Lebens zugewandten Weltauffassung, die aber das Wesen der Wirklichkeit nicht zu erschöpfen vermag. Zur Tagesanschauung in dieser dem Wort verliehenen Bedeutung gehört die auf die Ethik angewandte Entwicklungstheorie, die die Welt in Raum und Zeit als den Inbegriff aller Realität nimmt und in dem Fortschreiten von einem Stadium zum nächsten die Erfüllung der ihr immanenten Zwecke gewährleistet sieht. „Leid spricht: Vergeh! Doch alle Lust will Ewigkeit —, will tiefe, tiefe Ewigkeit!" Auf die richtige Auslegung dieser Zeilen kommt alles an. Sie enthalten konzentriert das Problem Zarathustras und seine Deutung. Darum und wegen des Doppelsinnes der Worte ist besondere Vorsicht notwendig. Man könnte leicht in den Irrtum verfallen, mit der Gegenüberstellung von Lust und Unlust und mit der nachdrücklicheren Betonung jener bezwecke Nietzsche die Überwindung des Pessimismus durch den Optimismus und beabsichtige etwa, die schale Neuigkeit zu verkünden, dass im ganzen das Pluszeichen auf der Lustseite stehe und daher aller Weltschmerz durch eine korrekte Arithmetik der Psychologie beseitigt werden könne. Es gehört vielmehr zu den tiefsten Erkenntnissen des Philosophen von Sils Maria, die Unhaltbarkeit einer auf den dogmatisch festgehaltenen Gegensatz der optimistischen und pessimistischen Doktrinen gegründeten Ethik begriffen zu haben. Diese Werturteile sind Vordergrundsschätzungen, die sich an vergängliche Beziehungen anlehnen, den substanziellen Kern der Welt und Menschenseele aber unberührt lassen. Das Leid stellt vielmehr den ethischen Mangel, die Lust die ethische Vollkraft dar. Im Leid drückt sich nicht der pessimistische Katzenjammer aus, der durch die etwa zur Evolutionsethik sich entfaltende Lustinstanz behoben und überwunden wird. Weit gefehlt, eben der leidende Mensch verlangt, über sich hinaus zu greifen, seine Sehnsucht in die Zukunft zu projizieren, den Übermenschen als Zweck der organischen Entwicklung zu setzen, der unfertige, leidende Mensch ist Evolutionist. Wie dem Satze „Alle Lust will Ewigkeit, will tiefe, tiefe Ewigkeit" die Lehre von der ewigen Wiederkunft des Gleichen entspricht, so korrespondiert nicht wiederum ihm, sondern dem vorhergehenden „Leid spricht: Vergeh!" die Lehre vom Übermenschen, die also eigentlich als Vorstadium der ersteren aufgefasst ist. Die Lust, also im Sinne des Philosophen die erhöhte Vitalität, verkündigt den Tag der Reife. Der Mensch, der durch alle Träume und Sehnsüchte zu sich selber gekommen ist, der sich im Wandel und Werden als das Bleibende und Feste, als den Pol der ewigen Wiederkunft erfasst hat, verwirklicht im eigenen Innern den Übermenschen und bedarf der Zukunft nicht mehr für seine sittliche Entfaltung, er hat den Evolutionismus durch einen höheren Zweck ersetzt, ihn über sich hinausgeführt und in sich selber überwunden.

Wie wenig die gegebene Interpretation einer festen Basis in Nietzsches Schriften entbehrt, mag die Wiedergabe der massgebenden Stellen selber lehren. Die Glossierungen der beiden, der Idee der Wiederkunft und dem Postulat des Übermenschen zugeordneten Zeilen. sind nach keiner Seite missverständlich, wenn man sich bloss die Mühe gibt, sie sorgfältig und ernstlich durchzugehen.

„Du Weinstock! Was preisest du mich? Ich schnitt dich doch! Ich bin grausam, du blutest —: Was will dein Lob meiner trunkenen Grausamkeit? Was vollkommen, alles Reife — will sterben!" so redest du. Gesegnet, gesegnet sei das Winzermesser! Aber alles Unreife will leben: wehe! Weh spricht: Vergeh! Weg, du Weh!" Aber alles, was leidet, will leben, dass es reif werde und lustig und sehnsüchtig. — Sehnsüchtig nach Fernerem, Höherem, Hellerem. „Ich will Erben, so spricht alles, was leidet, ich will Kinder, ich will nicht mich," — Lust aber will nicht Erben, nicht Kinder, — Lust will sich selber, will Ewigkeit, will Wiederkunft, will Alles-sich-ewig-gleich. Weh spricht: „Brich, blute, Herz! Wandle, Bein! Flügel, flieg! Hinan! Hinauf! Schmerz! Wohlan! Wohlauf! Oh mein altes Herz: Weh spricht: „Vergeh!" — Ihr höheren Menschen, was dünkt euch? Bin ich ein Wahrsager? Ein Träumender? Trunkener? Ein Traumdeuter? Eine Mitternachtsglocke? Ein Tropfen Taus? Ein Dunst und Duft der Ewigkeit? Hört ihr's nicht? Riecht ihr's nicht? Eben ward meine Welt vollkommen, Mitternacht ist auch Mittag, — Schmerz ist auch eine Lust, Fluch ist auch ein Segen, Nacht ist auch eine Sonne, — geht davon! Oder ihr lernt. Ein Weiser ist auch ein Narr. Sagtet ihr jemals ja zu einer Lust? Oh meine Freunde, so sagtet ihr ja auch zu allem Weh. Alle Dinge sind verkettet, verfädelt, verliebt, — wolltet ihr jemals einmal, zweimal, spracht ihr jemals: „Du gefällst mir, Glück! Husch! Augenblick!" So wolltet ihr alles zurück! — Alles von neuem, alles ewig, alles verkettet, verfädelt, verliebt, oh, so liebtet ihr die Welt, — ihr

Ewigen liebt sie ewig und allezeit: und auch zum Weh spricht ihr: vergeh, aber komm zurück! Denn alle Lust will — Ewigkeit!" — Alle Lust will aller Dinge Ewigkeit, will Honig, will Hefe, will trunkene Mitternacht, will Gräber, will Gräber-Tränen-Trost, will vergüldetes Abendrot — was will nicht Lust! Sie ist durstiger, herrlicher, hungriger, schrecklicher, heimlicher als alles Weh, sie will sich, sie beisst in sich, des Ringes Wille ringt in ihr, — sie will Liebe, sie will Hass, sie ist überreich, schenkt, wirft weg, bettelt, dass einer sie nimmt, dankt dem Nehmenden, sie möchte gerne gehasst sein, — so reich ist Lust, dass sie nach Wehe durstet, nach Hölle, nach Hass, nach Schmach, nach dem Krüppel, nach Welt, — denn diese Welt, oh ihr kennt sie ja! Ihr höheren Menschen, nach euch sehnt sie sich, die Lust, die unbändige, selige, — nach eurem Weh, ihr Missratenen! Nach Missratenem sehnt sich alle ewige Lust. Denn alle Lust will sich selber, darum will sie auch Herzeleid! Oh Glück, oh Schmerz! Oh brich Herz! Ihr höheren Menschen, lernt es doch, Lust will Ewigkeit, — Lust will aller Dinge Ewigkeit, will tiefe, tiefe Ewigkeit!"

Der Name des Liedes ist „Noch ein Mal", sein Sinn „in alle Ewigkeit". Der Übermensch und die ewige Wiederkunft sind jetzt in ihrem gegenseitigen Rangverhältnis begriffen. Sie stehen einander auch nicht mehr isoliert gegenüber. Der Übermensch negiert nicht die ewige Wiederkunft. Die ewige Wiederkunft negiert nicht den Übermenschen. Es ist auch kein ruhiger Parallelismus, der beiden Konzeptionen Raum gäbe, sich ungehindert und unabhängig voneinander zu entfalten. Die Idee der ewigen Wiederkunft als Vertiefung der Auffassung vom Leben ist das Fundament, der Grundstock, die Wertbasis auch für das Problem des Übermenschen. Der Übermensch ist eine Seite der Idee, gleichsam die Aussenseite, die auch für die Oberflächenbetrachtung sichtbar wird. Der Sinn des Übermenschen aber ist die ewige Wiederkunft. Das eine hält das andere bereits in sich, sie wird sich selber in ihm durchsichtig und offenbar: die Inkarnation der Idee ist der Übermensch. Wie Lust und Leid verkettet, verfädelt und verliebt sind, so ist auch die Lehre vom Übermenschen die unvermeidliche Konsequenz der Lehre von der ewigen Wiederkunft; beide sind ineinander beschlossen, geschlossen, sie gehen ohne Rest ineinander auf. Sie sind, der gegebenen Analyse gemäss, die Verklärung des Individualismus, die Verklärung des Individuums, durch die tiefe Auffassung und Wertung seines Lebens, durch das ihm einwohnende Ideal der vollen Selbstentfaltung.

So wurde im vorigen dem Postulate des Übermenschen und der Idee der ewigen Wiederkunft des Gleichen bloss die Bedeutung eines Symbols zuerkannt. Der Evolutionismus konnte als nichts mehr denn als ein Gelegenheitsargument, als ein Hebel verstanden werden, der das Problem des menschlichen Eigenwertes auf ein höheres Niveau brachte, in dem es sich sozusagen objektivierte, ohne dasselbe um inhaltliche Bestimmungen wesentlich zu bereichern, oder gar erst, wie die vulgäre Anschauung glaubt, seine Existenz zu ermöglichen. Die Sehnsucht des Menschen über sich hinauszuschaffen, über sich hinauszudenken, konnte uns als das moralische Phänomen κατ' ἐξοχήν gelten, unabhängig von der objektiven Basis, die ihm in den organischen und sozialen Voraussetzungen gegeben war. Im Übermenschen erfasste das Individuum seine wahre, von allem Kleinen und Kleinlichen unberührte Tiefe, die sich nicht durch naturphilosophische Konstruktionen, noch durch politische Zukunftsträume ermessen liess. Das negative und das positive Moment gehen Hand in Hand: Die Verneinung des Menschen ist die Setzung des Übermenschen. „Ein Ja, ein Nein, eine gerade Linie und ein Ziel." Aber, bei der schärfsten Analyse noch haftet an dem Begriff des Übermenschen zu viel Zufall und Willkür. Es ist eben die Aussenseite einer Idee: und man weiss nicht, bildlich gesprochen, nach welcher Weltgegend sich die Front öffnet. Das Postulat des Übermenschen, an sich noch zu vag und vieldeutig, verlangt also nach einem festen Prinzip dieses in Form eines Imperatives gekleideten Begriffes. Er weist daher von selber hinüber nach der Idee der ewigen Wiederkunft. Im Menschen liegt nicht bloss der Wille und die Kraft, sich umzuschaffen, sondern die Ewigkeit einer von allem zeitlichen Werden und Vergehen unberührten Wertexistenz. Beide Gedanken sind also nicht realistisch und dogmatisch aufzunehmen, sondern symbolisch zu erläutern. Es sind gleichsam anschauliche Behelfe, um moralischen Wahrheiten eine konkrete Gestalt zu geben. Man kann ihnen zur Verdeutlichung in Anlehnung an die Kantische Form eine imperativistische Wendung geben, die die viel verschlungenen Gedankengänge einem allseitig begrenzten Zentrum zuführt. Das Postulat des Übermenschen würde sich etwa in die folgenden Worte kleiden: „Handle so, als ob du den Übermenschen aus dir erzeugen wolltest, indem du ihn in dir verwirklichst!" Die Idee der ewigen Wiederkunft würde in einem Imperative Ausdruck finden, der den ersteren vertieft und deutlich bereits vollkommen in sich hält: „Handle so, als ob jeder Augenblick Ewigkeitswert besässe und du alle Zukunft zugleich in dieser einen unteilbaren Gegenwart zusammenfasstest."

Man sieht, dass beide Konzeptionen eine immense Steigerung des Bewusstseins der Verantwortlichkeit hervorrufen, in diesem Zwecke eigentlich aufgehen. Schon die Forderung, zum Übermenschen zu gelangen, enthüllt sich als eine Forderung, sich der Idee des Übermenschen würdig zu zeigen. Der Mensch sollte einsehen, was er sich selber schuldig war, und deshalb nicht im „Schmutz und erbärmlichen Behagen" vegetieren, sondern aus sich heraus den Übermenschen zu schaffen. Der letzte Mensch war das Warnungssignal, der Übermensch der Ruf zur Höhe. Zwischen beiden steht der lebende Mensch. Er muss unaufhörlich den beiden Möglichkeiten ins Auge blicken, um an ihnen zur Idee der höchsten Verantwortung heranzureifen. Die ewige Wiederkunft des Gleichen fasst das Problem noch ungleich tiefer. Jeder Augenblick erhält die Weihe der Ewigkeit. Es gibt kein Hinüber und Vorüber. Es gibt keinen Trost: „Es ist geschehen," denn es geschieht unzählige Male wieder. Niemand sagt zum Übermenschen Ja, der zuvor nicht zu sich selber Ja gesagt hat. Zu sich selber sagt aber blos derjenige Ja, der in jeden Augenblick eine Ewigkeit, seine Ewigkeit hineinlegt. In jedem Seelenatom soll der Übermensch wohnen und in jedem Zeitatom das ganze, tiefe Sein des Menschen. Die Idee der ewigen Wiederkunft ist also in Wahrheit das grösste Schwergewicht im Denken und Leben des Menschen. Der Ewigkeit sich wert zu zeigen, noch mehr, diesen verlangten Wert förmlich als einen Zwang zu betrachten, den die Ewigkeit auf uns ausübt, als einen Willen der Ewigkeit, zu uns zu kommen: das ist die steilste Höhe, die der Gedanke der Verantwortlichkeit jemals erreichen konnte.*)

---

*) Die hier gegebene Auffassung wird auf der einen Seite bekräftigt, auf der andern wieder in Frage gestellt durch die Ausführungen in dem „Von der Erlösung" genannten Stücke im 2. Teile des „Also sprach Zarathustra" und andere damit grell kontrastierende Bemerkungen. Die Qual des Willens liegt darin, nicht zurück zu können. Die Zeit schlägt ihn in Fesseln. „Wollen befreit: aber wie heisst das, was auch den Befreier noch in Ketten schlägt? ‚Es war': also heisst des Willens Zähneknirschen und einsamste Trübsal. Ohnmächtig gegen das, was getan ist, ist er allem Vergangenen ein böser Zuschauer. Nicht zurück kann der Wille wollen; dass er die Zeit nicht brechen kann und der Zeit Begierde, — das ist des Willens einsamste Trübsal." Der Wille nimmt Rache an der Vergangenheit, indem er die Zukunft und alles Dasein verurteilt Die Rache am Leben ist das Bedürfnis nach Erlösung. Da er nicht zurück˙ kann, will der Wille nicht mehr vorwärts. Aber anstatt sich feige zu bergen

Der Übermensch ist also das Mittel, zur Idee der ewigen Wiederkunft zu gelangen; diese ist der Zweck. Der Übermensch ist die Vorbereitung, die Idee der ewigen Wiederkunft ist die Vollendung.

Während die bisherigen Ausführungen blos formaler Natur waren, sofern sie bloss den Sitz und Ursprung des Übermenschen erforschten, nicht aber dessen qualitative Charakteristik, wächst uns hier dennoch in der Idee der ewigen Wiederkunft eine inhaltliche Bestimmung zu. Den Übermenschen konnten wir blos lokalisieren und nach der negativen Seite abgrenzen. Wir konnten sagen, was er nicht sein sollte, konnten ihn am letzten Menschen korrigieren. Aber das kontradiktorische Widerspiel lässt eine Unendlichkeit positiver Möglichkeiten zu. Dass der Übermensch nicht ausserhalb des Menschen lag, sondern im Menschen, dass er im weiteren dies nicht war und auch nicht dies, ist vorläufig das alleinige, obwohl sicherlich nicht zu unterschätzende Ergebnis. Dort aber kamen wir einen Schritt weiter: Wir haben gesehen, dass der Mensch im Sinne der ewigen Wiederkunft des Gleichen der Zeit gewappnet gegenüberstehen sollte, dass er die Verantwortung auf sich nahm und nicht träge ihrem über die Zeit erhobene Ewigkeit projizierte und sich eins wusste im Vergehen und im Werden.

---

sollte er der Vergangenheit mutig ins Auge sehen. Er soll sie bejahen und auf sich nehmen, er soll verantworten, was geschehen ist. Das ist der Wille zur Vergangenheit, wie der Übermensch der Wille zur Zukunft ist. Es ist das Postulat des Übermenschen, gleichsam diesmal nach rückwärts schauend. Die Bejahung der Vergangenheit steht neben der Bejahung der Zukunft; beide zusammen ergeben die Bejahung des Menschenlebens, des Seins in der Zeit überhaupt, also die Idee der ewigen Wiederkunft. Damit aber kontrastiert es grell, dass Nietzsche an anderen Orten wieder der Idee der Verantwortlichkeit unverkennbar entgegenarbeitet. Der älteste Adel der Dinge heisst: „Von Ohngefähr", und diesen habe er ihnen zurückgegeben, um den Menschen vom Wahn der Schuld zu befreien. Dieser Kontrast markiert vor allem den Übergang Nietzsches von den „Unzeitgemässen Betrachtungen" zu „Menschliches, Allzumenschliches", wo die Lehre von der Unverantwortlichkeit des Menschen sozusagen das Grunddogma aller einzelnen Ausführungen bildet. Ist aber das Weltgeschehen und das menschliche Dasein bloss Zufall, dann gibt es keine Verantwortung mehr, die der Zufall tragen müsste. Dann ist aber auch der Übermensch ein Zufall und desgleichen die Idee der ewigen Wiederkunft. Ich betone, dass in diesem Widerspruche, den ich keineswegs einseitig tendenziös zurückschiebe, sondern selber hervorhebe, der Schlüssel für das Problem der Nietzsche'schen Ethik liegt, die zwischen den Polen des Zufalls und des Gesetzes schwankt; und dass eine kritische Untersuchung, die nicht bloss wie diese Studie die Vorarbeiten liefern will, von hier ihren Ausgang nehmen muss.

Auch dies ist im einzelnen näher bestimmbar. Aber es bewegt sich nicht mehr bloss in logischen Beziehungen, sondern greift bereits in die Tiefen der Psychologie. Da ist immer und überall der ganze Mensch beteiligt. Denn in sich selber den Grund des Schicksals suchen, sich allen Schicksalen entgegen und über alle Schicksale stellen, seine Individualität hinter den zeitlichen Veränderungen entdeckt haben, ist kein bloss möglicher Begriff, sondern ein Erlebnis und das stärkste aller Erlebnisse. Der vulgäre Mensch sieht Phänomene kommen und gehen, der höhere Mensch sieht seine Kontinuität hinter den Phänomenen. Und er sieht die ewige Wiederkunft alles Geschehens, denn er sieht in allem Geschehen seine eigene Ewigkeit.

VII. Das Verhältnis der ewigen Wiederkunft des Gleichen und des Übermenschen: Symbol und Realität

Ich glaube, in dieser wohlbegründeten Interpretation des Übermenschen und der ewigen Wiederkunft des Gleichen die wahren Motive Nietzsches unzweideutiger und klarer hervorgehoben und vor allem aus dem Zwielicht offenkundiger und latenter Widersprüche gezogen zu haben, als jede Kommentierung, die allein oder doch fast ausschliesslich das Zeitgemässe betont und bloss die Werte zur Geltung kommen lässt, die mit einem sozialen Index versehen sind. Indessen setze ich mich billig dem Vorwurf einer völlig einseitigen Darstellung aus, die einer vorgefassten Tendenz zuliebe vor allem, was ihr widersprechen möchte, die Augen verschliesst, wenn ich nicht auch auf den Widerspruch das Interesse lenkte und meine Auffassung, man darf sagen, nach der negativen Seite hin ergänzte. Ich brauche nicht zu befürchten, damit den Wert der erhaltenen Aufschlüsse irgendwie zu beeinträchtigen. Eben, wenn sich das als unhaltbar herausstellen wird, worin Nietzsche über den Rahmen der obigen Darlegungen hinausging, ist der indirekte Beweis für deren positive Gültigkeit erbracht. Die Zurückweisung des Widersprechenden ist eine neue beweiskräftige Instanz in dem Ganzen der Argumente. Philosophen und Philosophien sind nicht ohne Widersprüche denkbar. Diese wird man innerlich aufheben und überwinden müssen, statt sie widerstandslos hinzunehmen oder durch Amputationen lebensfähiger Glieder ein fragwürdiges Heilverfahren einzuleiten.

Während ich also Nietzsches Grundlehren symbolisch und nicht dogmatisch interpretierte, der landläufigen Auffassung entgegen, die sie an bloss empirischen, dem induktiven Charakter der gelehrten Forschung entnommenen Massstäben prüft und deshalb entweder zu recht trivialen, aus dem Kreise der gewohnten Traditionen kaum wesentlich hervortretenden Anschauungen herabsetzt, deren Proklamierung des rednerischen Aufwandes und der blendenden Pathetik füglich nicht bedurft hätte, oder mit mehr Konsequenz, wenngleich mit grösserer Borniertheit, als haltlose Phantastereien verketzert, will ich dabei, wie nur billig, ohne weiteres einräumen, dass damit nicht bloss eine möglichst sachliche Kommentierung, sondern auch in aller Bescheidenheit eine Korrektur beabsichtigt war, da den beiden Konzeptionen im Sinne Nietzsches, der immerhin als oberster Gewährsmann seiner Philosophie gelten muss, eine mehr als symbolische Bedeutung beigelegt war. Die Lehre vom Übermenschen verlangt freilich von selber eine derartige, die Schranken einer mehr oder weniger problematischen Denkbarkeit realistisch erweiternde Auffassung. Die Idealität des Übermenschen, die ich früher zu deduzieren suchte, sagt nicht das mindeste gegen seine Realisierung. Nichts konnte mir ferner gelegen sein, als die alle Energie des Schaffens entnervende Tendenz, in die Sphäre blossen Wollens und Denkens dasjenige einzuspannen, was auch nach der Seite der objektiven Wirklichkeit sich manifestieren soll. Es kam mir bloss darauf an, den Schwerpunkt dieser Lehre zu entdecken, der in die Psychologie hinüberführt und nicht in die Physiologie und Zoologie. Damit wurde nicht das Sein zum Schein, die Existenz zur blossen Illusion der Existenz verflüchtigt, sondern im Gegenteil der Wahrheitsgehalt des Ideales vermehrt, indem ich es nicht an Voraussetzungen band, deren Bestand unabhängig von unserem Wollen im mechanischen Naturlauf bestimmt war, vielmehr seinen Wert aus ihm selber, ungeachtet der Garantien für seine Realisierung ableitete. In dem Willen, sich zum Übermenschen zu erheben, lag in nuce bereits die Notwendigkeit, dass dieser Wille sich auch zur Wirklichkeit entfalte. Es kam mir also darauf an, die konstituierenden Faktoren, als deren Produkt sich das Ideal des Übermenschen ergab, in der geistigen und psychologischen Beschaffenheit des Menschen, nicht in den Gesetzen der organischen Entwicklung, zu entdecken, es nicht nach der objektiven, sondern nach der subjektiven Seite zu verfolgen. Das Ideal trägt in sich auch die Motive zu seiner Realisierung, ohne irgendwie in Abhängigkeit von der Realität zu gelangen.

Der Begriff des Übermenschen und die Idee der ewigen Wiederkunft sind also beide, wie gezeigt worden, Symbole, aber Symbole in verschiedenem Sinn. In dieser Verschiedenheit prägt sich wieder ganz klar ihr wechselseitiges Verhältnis aus. Der Übermensch war nicht aus der empirischen Wirklichkeit abgeleitet, aber er verlangte nach ihr. Er ist ein Symbol, da sich in ihm der werterzeugende Wille darstellt, aber als Symbol schuf er sich dennoch auch zur Realität um. Anders ist es mit der Idee der ewigen Wiederkunft des Gleichen. Sie konnte blos symbolisch nutzbar werden, als Abstraktion aus der Erfahrung oder aus dem logischen Denken hat sie sich als unhaltbar gezeigt. Aber auch als Symbol war sie bloss unter ganz bestimmten Voraussetzungen verwendbar. Man muss vor allem die hedonistischen Deutungen fernhalten, die den verfänglichen Zusammenhang, in den das Lustgefühl mit der Ewigkeit gebracht ist, eudämonistisch, wenngleich metaphysisch sublimiert, interpretierten. Das Symbol darf weder an eine besondere physische, noch an eine besondere psychologische Unterlage gebunden werden. Es darf überhaupt nicht einmal nach Analogien in der Erfahrung suchen. Der letzteren gegenüber ist sie im einzelnen vollkommen indifferent. Sie entzieht ihr nichts inhaltlich, noch setzt sie ihr etwas zu, sondern gibt ihr in ihrer Totalität einen Wert, der nicht in ihr selber bereits enthalten ist. Sie ist eine Auffassung des Lebens und der Wirklichkeit, nicht ein Teil derselben, oder eine andere Wirklichkeit, die neben jener zu Recht besteht. Sie gehört also zur Wirklichkeit, ist aber doch von ihr unabhängig. Sie gibt ihr eine Interpretation, bereichert also nicht die Sinne, sondern den Intellekt und den Willen.

Was in der Idee der ewigen Wiederkunft des Gleichen ausser diesem Symbol an unmittelbaren physischen Realitäten enthalten ist, die auch sichtbar ins Dasein treten können, das kristallisiert eben zum Begriff des Übermenschen, der ihr nicht mehr widersprechen kann, da er bloss ihre Anwendung auf das reale Leben repräsentiert. Der Übermensch ist die gröbere, sinnlichere Fassung desselben Gedankens, der in der Idee der ewigen Wiederkunft Ausdruck empfing. Sie verhalten sich zu einander wie Grund und Folge, von einer abstrakten Anschauung ausgehend, darf man sogar ihre Identität behaupten. In der prätendierten Ewigkeit des Individuums enthüllt sich eben der unendliche Wert der Menschenseele, der über allen Zeitwechsel erhaben ist; der Übermensch ist seine Erscheinungsform und zeitliche Objektivierung; ihm gegenüber gleichgiltig, solange es bloss darauf ankam, der Menschheit einen Platz auf der ethischen Skala anzuweisen; unentbehrlich, da das unendliche Streben kein Wunsch und keine sterile Sehnsucht bleiben darf, sondern nach Entfaltung drängt, um sich ausserhalb der subjektiven Sphäre handelnd und erkennend in immer neuen und edleren

Symbolen darzustellen. Sie verhalten sich gegenseitig, um Schleiermachers Terminologie in Anwendung zu bringen, wie Symbol und Organ. Die ewige Wiederkunft ist das Symbol des Übermenschen, umgekehrt wird wieder der Übermensch zum Organ der Idee einer ewigen Wiederkunft. Dieser enthält in jener seine Symbolisierung, jene in diesem ihre Realität. Die Idee der ewigen Wiederkunft kann also ausser dem Rahmen des Symbols bloss den Übermenschen wollen und nicht wieder sich selber, als objektive Wirklichkeit. Ewig ist das Leben des Menschen nicht der Zeit, sondern einzig und allein dem Werte nach.

Damit habe ich das im Obigen einer ausführlichen Analyse unterzogene Verhältnis in eine neue Beleuchtung gerückt, die für sein wahres Verständnis den rechten Grund legen wird. Indem ich den Übermenschen vor allem auf seine psychologischen und logischen Entstehungsgründe zurückführte, an Stelle weitschweifiger Erörterungen, die sich mit den von der jeweiligen Tagesmode abhängigen, programmatischen Elementen, also gleichsam mit der Technik des Übermenschen abgab, auf die Disposition des Subjektes hinwies, aus der das Ideal und zugleich die Notwendigkeit, das Ideal zu verwirklichen, hervorging, glaube ich, den Begriff vertieft und im Gegensatze zu einer nur die Oberfläche berührenden Erklärung, die das Erfolgsmoment zum Überdruss betonte, seine wahre Basis in der seelischen Innerlichkeit aufgezeigt zu haben, ohne ihm damit den Boden der objektiven Realität entziehen zu wollen. Denn bloss mit Vorbehalt konnte von der symbolischen Geltung des Übermenschen die Rede sein; nur sofern es darauf ankam, den verflachenden Wirkungen der Anschauung zu steuern, es sei nur der praktische Effekt das Wesentliche und nicht der zwecksetzende Wille, der ihn herbeizuführen strebt, aber nicht in dem Sinn, als wäre es überhaupt unnötig, der Idee eine Anwendung in der Wirklichkeit zu geben und ihr bloss ideelles Dasein die einzige Form, in der sie zu recht bestehen könne. So darf man mit mehr Recht von dem Übermenschen als Emanation, denn als Symbol sprechen.

Es ist aber überaus charakteristisch, dass Nietzsche dort, wo er über den Rahmen der Psychologie des Übermenschen hinausschreitet, sich im allgemeinen ebenso weit von der Wahrheit entfernt. Wenn er Lust spürte, den Reformer zu spielen, geschah es nie zum Vorteile seiner Philosophie. So wenig sich seine Tendenz hier und anderwärts verleugnete, nicht die organische Evolution, sondern die psychologische Empfänglichkeit als Voraussetzung des Übermenschen anzusehen, ging er doch gelegentlich genauer ins Detail und rückte physiologische und pädagogische Probleme in den Vordergrund. Diese Ausführungen aber, die praktischen Zwecken dienen sollen, wie die Exkurse über Rassenpsychologie über den Erbadel und das Kastenwesen, verraten oft eine überraschende Schwäche sowohl in der Beherrschung des für die Argumentation in Anwendung gebrachten Materials, als auch im logischen Ausbau desselben. Aber er stieg niemals tiefer herunter: die vergleichende Zoologie, die den Stolz seiner evolutionistisch schillernden Anhänger bildet, lag dem Einsamen von Sils Maria so fern als möglich. Der Affe war ihm „ein Gelächter und eine schmerzliche Scham", eine Mahnung vor allem, selbst den M e n s c h e n zu überwinden und umzubilden, freilich nicht wieder nach dem Ebenbilde des Affen, wonach es seiner vorlauten Jüngerschar zu gelüsten scheint. Nach den Analogien zog es ihn nicht sonderlich hin, aus denen mancher „monistische" Moraltheoretiker, der am Menschen am meisten dasjenige schätzt, was ihm mit dem Amphibium gemeinsam ist, die Offenbarung seines Sittengesetzes schöpft. Er verzichtete darauf, im Hühnerhofe die ersten intensiven Regungen der „Sympathie" zu studieren oder in der Brunst des Paarungsaktes die Ansätze zu einer höheren Kultur zu wittern. Die ethische Evolution war ihm nicht an die Differenzierung der Sexualorgane gebunden wie manchem populären Entwicklungsapostel, der seine Laufbahn verfehlte und, anstatt die Fülle effektvoller Obscönitäten in pseudonaturalistischen Novelletten niederzulegen, „das Liebesleben in der Natur" belauscht und den lüsternen Späherblicken der im Augenblick zu Monisten und Darwinisten verwandelten Leser und Leserinnen preisgibt. Dergleichen zeitgemässe Pikanterien besitzen allerdings mehr Selektionswert als eine abstrakte und anerotische Ethik.

Ich habe bereits hervorgehoben, dass das Doppelverhältnis von Realität und Symbol, das im Übermenschen bestehen muss, soll er nicht zu einem aktuellen Tagesprogramm erniedrigt oder in völlig erdfremde Regionen entrückt werden, für die Idee der ewigen Wiederkunft des Gleichen nicht existiert. Sie kann ausserhalb ihrer selbst, ausserhalb des gedanklichen Mediums, nie sich mit Fleisch und Blut umkleiden, nie Wirklichkeit werden, nie in Raum und Zeit erscheinen. Dies erhellt aus unserer ganzen Interpretation, die in mancher Beziehung allerdings eine K o r r e k t u r enthielt. Denn für Nietzsche bedeutet die Idee der ewigen Wiederkunft mehr als ein Symbol. Immerhin indessen verbreitet sich dieses „Mehr" nicht gleichsam über die ganze Oberfläche, sondern tritt bloss an einzelnen Stellen klarer zum Vorschein, sodass es möglich ist, beide Auffassungen nebeneinander zu halten. Am „Zarathustra" glaube ich, unwiderleglich gezeigt zu haben, dass die **nur symbolische** Auslegung ganz und gar keine Fiktion war. Dass Nietzsche ihr nicht treu blieb, ist kein Argument gegen sie. Einen Denker kopieren heisst nicht, ihn verstehen. Ihn ausdenken, an ihm weiterdenken, ist der sicherste Weg, ihm gerecht zu werden. Nietzsche wollte die Idee zum Sein vergröbern: jenes Mehr war vielleicht sein **V e r h ä n g n i s**. Wir haben gesehen, dass die Idee der ewigen Wiederkunft also der Ewigkeit des **Wertes** das Sein **regierte**, aber nicht in ihm befangen war. Wir dürfen also jenem Verhängnis entgehen, aber wir wollen es in seiner ganzen Tiefe **begreifen** lernen.

II. Teil

Der Sinn des Übermenschen

I. Das Unsterblichkeitsproblem

Die eben gegebene Analyse ging von den beiden für Nietzsches Philosophie grundlegenden Konzeptionen des Übermenschen und der ewigen Wiederkunft des Gleichen aus und suchte deren wechselseitiges Verhältnis im Sinn einer widerspruchslosen, ja sogar sie inhaltlich identifizierenden Auffassung zu bestimmen. Nietzsche selber, der impulsive und nur zu häufig momentanen Eindrücken bis zur Blindheit gegen das räumliche und zeitliche Ausserhalb und zur Intoleranz gegen fremde Anschauungen hingegebene Denker, trat hierbei verhältnismässig in den Hintergrund. Die Analyse setzte bei den Begriffen an, nicht bei dem Schöpfer und Gestalter der Begriffe, mag man diese Methode auch als willkürlich und einseitig tadeln. Aber ein Philosoph, der von den Konsequenzen seiner eigenen Lehre, die er allerdings oft mit überraschender Kraft und einer durch keinerlei Vorurteile und Traditionen gelinderten Energie verfolgt, gelegentlich und leider dort, wo Einheit besonders am Platze war, wieder absprang, musste, man verzeihe das harte Wort, seiner Philosophie gegenüber insoweit entmündigt werden, als man ihre Auffassung nicht streng an dem von ihm selber uns in die Hand gelegten Kommentar zu binden brauchte. Dieses Entmündigungsverfahren, das die Nietzscheaner des simplen Durchschnitts, die in dem Worte mit Recht vielleicht eine ihre nicht eben allzu deutlich bewiesene Mündigkeit gefährdende Drohung witterten, nicht befolgt haben, ehrt den Philosophen, dem es zwar nicht als Befehlshaber, aber als Wegweiser gehorcht, mehr, als das ängstlich den Widersprüchen des Textes nachspürende Handwerk philologischer Kleinkrämer. Nietzsches Philosophie war uns nicht mehr ein Dogma und ein vollkommenes System, sondern weit mehr: eine Möglichkeit, die allerdings latent lag. Eine Möglichkeit, zu Weiterem und Höherem zu gelangen. Darum stellte ich nicht die Frage: „Was ist nach Nietzsche der Übermensch?" sondern wendete sie dahin: „Was kann, was darf der Übermensch überhaupt sein?" worauf sich uns eine Reihe einander ablösender Antworten ergab.

Der Übermensch konnte vor allem als Inhalt eines Programmes gedacht sein, mit dessen Durchführung der Zarathustradebatte für immer ein Ende gemacht wäre. Ein blosser Blick in Nietzsches Schriften überzeugt einen aber, dass sie nicht nur für den Tag oder höchstens für ein flüchtiges Dezennium geschrieben sein sollten. Der Übermensch konnte im weiteren als ein Sinnbild der unendlichen Entwicklung begriffen werden. Dann denkt man ihn aber entweder durch eine bestimmte Stufe dieser Entwicklung vertreten, womit die programmatische Auslegung wieder auf den von ihr kaum verlassenen Schauplatz rückt, oder dem eigentlichen Gedanken des Evolutionismus treu, als eine extensive Unendlichkeit, die sich immer reicher in der Zeitdimension entfalten soll. Dies ist jedoch ein völlig leerer Begriff, der ewig ins Blaue zeigt und die betrogenen Betrüger von einem Horizont sehnsuchtsvoll zum andern hasten lässt. Der Übermensch ist daher, will er nicht bloss ein kurzes Intermezzo abgeben oder ein gaukelndes Ohngefähr, das hinter den Wolken schwebt, eine Möglichkeit im Menschen, die schläft und geweckt werden soll, gegenüber der anderen sie hemmenden Möglichkeit des letzten Menschen. Damit war die Lehre aus der unwürdigen Zwangslage befreit, in die sie durch die ihr oktroyierte Abhängigkeit — ob es mit Zustimmung des Philosophen geschah, ist hier nicht in erster Reihe die Frage — von der Physiologie und Biologie geraten war. Diese Definition war nicht das Ergebnis eigenmächtiger Konstruktionen und spielender Willkür. Sie wurde an wichtigen, sogar an den wichtigsten Stellen des „Also sprach Zarathustra" erhärtet und von der Idee der ewigen Wiederkunft, die von anderer Seite demselben Ende zusteuerte, in ihrem vollen Umfang unzweideutig ergänzt.

Freilich beschränkte ich mich dabei auf eine Auswahl von Stellen. Diese Auswahl trug nicht bloss dem Raummangel Rechnung, sondern war bereits von kritischen Tendenzen bestimmt. Aber die Kritik kam nicht so sehr von ausserhalb, dass sie dem freien Verständnisse Nietzsches hindernd in den Weg trat. Sie knüpfte vielmehr an den Denker, an eine bestimmte Seite des Denkers an. Zugegeben, dass Nietzsche in den Begriff des Übermenschen viele und widersprechende Merkmale hineinfügte; man kann aber nicht indifferent den Widerspruch entgegennehmen. Auch der im Gebiet der Biographie sich ausnehmender Beliebtheit erfreuende Versuch, den verschiedenen Perioden geistiger Entwicklung die einander widersprechenden Theorien zuzuweisen, ist nicht mehr als ein dürftiger Notbehelf, mit dem man nicht tiefer in das Wesen der Lehre und ihres Schöpfers eindringen kann. Glaubt man wirklich, dass grosse Individualitäten, die hinter allen Theorien und Praktiken im Grunde doch nur sich selber suchen, und das Problem des Ich zum Problem der Welt erweitern, sich mir nichts dir nichts verändern und häuten, bloss weil die jeweilige Häutung der mangelnden Aufnahmsfähigkeit des Interpreten fördernd entgegenkommt? Die angeblichen Widersprüche sind aber freilich Vordergrundsurteile. Hinter den Widersprüchen wohnt die Einheit der Lehre oder, klarer gesprochen, die Einheit der Persönlichkeit, die in der Lehre gleichsam ihre Vertretung findet. Daher ist es im Interesse der Lehre und der Persönlichkeit gleich unerlässlich, zu ihr auf dem Wege kritischer Erläuterung aufzusteigen. Ein Merkmal korrigiert nicht an und für sich das andere. Man wüsste nicht, woher ihm das Recht dazu vindiziert würde. Dies kann bloss dadurch geschehen, dass es von Anfang an kritische Bevorzugung erhielt und über die anderen zum Richter gesetzt wurde.

Der Übermensch ist bei Nietzsche selber nicht eines und dasselbe, sondern ein schillerndes Allerlei, nicht klar abgehoben, sondern buntfarbig und polyphon. Der ostelbische Junker, der Franzose des ancien régime, Napoleon, Goethe, Cesare Borgia, der hellenische Philosoph und der römische Cäsar streiten um den gleichen Anspruch, und Nietzsche scheint, sobald man ihn zitiert und nicht ausdenkt, bald dem einen, bald wieder dem andern recht zu geben. Der Übermensch, den wir entdeckt haben, der Übermenschen im Menschen, liegt auch, nicht ausschliesslich in Nietzsche formuliert. Aber das „Auch" mussten wir in eine Kategorie höheren Wertes hinüberleiten; nicht bloss die Koordination verschiedener Auslegungen, sondern die Souveränetät der einen über die anderen sollte dargelegt werden. Darum konnte ich mich nicht ängstlich an Nietzsche selber forttasten, um zu neuen Widersprüchen und Fragwürdigkeiten zu gelangen, sondern musste die in Erwägung zu ziehenden Begriffe kritisch untersuchen und das Ergebnis der Untersuchung mit dem Originale vergleichen. Der Vergleich fiel, wie die Erläuterung der Hauptschrift „Also sprach Zarathustra" zeigt, die als das sprechendste Dokument seiner Lehren zu betrachten ist, da sie im Zenit seiner geistigen Entfaltung thront und ihre Fäden am kunstvollsten in das Ganze einer umfassenden Weltansicht verknüpft,*) im ganzen zu unseren, oder, wenn man die scheinbare Unbescheidenheit vergibt, zugunsten Nietzsches aus. Der Übermensch musste, die starke Accentuierung der zum Belege herangezogenen Stellen bewies es überzeugend, von innen her begriffen und erstrebt werden. Dies allerdings kann ich ohne weiters zugeben, dass damit bloss eine formale Bestimmung gewonnen ist. Aber auch die anderen Untersuchungen, die davon abweichende Aufschlüsse zu geben bestrebt waren, wie die Auffassung, dass der Übermensch als eine nach dem Prinzip der biologischen Auslese im Kampfe ums Dasein heranzuzüchtende Überart in der Zukunft zu suchen sei, oder sich in den Mitgliedern herrschender Kasten und Klassen darstelle, oder bereits in der Vergangenheit in den schaffenden Genialitäten, den höchsten Exemplaren der Gattung verwirklicht sei, sind bloss formaler Natur, oder wohl, wenn man sie unbeirrt durch die volltönende Phraseologie der Literaturmoden ins Auge fassen kann, noch nicht einmal formaler Natur. Denn abgesehen davon, dass die aus dem Darwinismus auf die Anthropologie und die Moralphilosophie gezogene Nutzanwendung es völlig dahingestellt sein lässt, welche Qualitäten sich zur Überart kondensieren sollen, dass der blosse soziale und politische Aristokratismus nie den Befähigungsnachweis erbringt, durch den die regierenden Klassen ihr Herrenrecht legitimieren sollen, dass der übrigens gar nicht neue und von Nietzsche an Carlyle mit besonderer Heftigkeit getadelte Heroenkult die Frage nach den charakteristischen Grundzügen des Heroismus unerörtert lässt, ist mit alledem nicht einmal die Richtung klar angedeutet, die die Analyse nehmen kann. Soll man in näherer oder fernerer Zukunft die Überart suchen? Wo waren die Kasten, die von einem wahrhaft aristokratischen Geiste getragen wurden? In was für einer Kulturschicht und in welcher Persönlichkeit war bislang der Übermensch am klarsten verkörpert? Diese und andere Fragen drängen sich in den Vordergrund. Der Mangel an Inhalt wird durch den Mangel an Form ergänzt. Der Übermensch hat eine Dimension um die andere eingebüsst und ist zur rhetorischen Floskel ohne Dimension eingeschrumpft. Im Gegensatze dazu hat die gegebene Deduktion des Übermenschen trotz ihres unleugbar formalen Charakters daneben, dass sie eben die an die Form gestellten Ansprüche, so gut es gelang,

---

*) Daher rührt es denn auch, dass wir etwas einseitig ihr vor den anderen Produkten des Philosophen, sobald es sich um exegetische Zwecke handelt, den Vorzug gegeben haben.

erfüllen konnte, es sogar öfters zuwege gebracht, um die Ecke zu sehen und auch die Darstellung des Inhaltes vorzubereiten. Allerdings, was der Übermensch sei, da er dies nicht sein durfte und jenes nicht sein durfte, liegt noch im Dunklen, aber in fernsten Umrissen taucht bereits ein festes Gebilde auf, das seine Existenz bereits durch die klare Abgrenzung gegen alle fremden Zusätze verrät. Die Verinnerlichung des Übermenschen weist wohl mit Entschiedenheit darauf hin, dass dieses Ideal, wie es sich Nietzsche in seinen besten Stunden gedacht hat, nichts gemein hat mit dem märkischen Krautjunker oder dem kapitalsüchtigen Ausbeuter und dass die neue Menschheit nicht unter der sibirischen Knute zum neuen Dasein erwachen sollte. Noch tiefer zum Inhalt drang die Idee der ewigen Wiederkunft vor. Sie betonte das Bewusstsein der Verantwortung, die Notwendigkeit, alles Geschehen zur Möglichkeit eines ewigen Geschehens umzusetzen, in seinem Denken und Wollen sich der Ewigkeit wert zu zeigen. Auch damit ist freilich die Beziehung zwischen Wollen und Wert nicht für alle Male bestimmt festgelegt. Aber das intellektuelle Gefühl, dessen man für das gründliche Verständnis Nietzsches am wenigsten entraten kann, verrät uns auch hier, dass brutaler Machtinstinkt und ungezügelter Egoismus nicht die Grundfesten der Nietzsche'schen Weltanschauung bilden.

Die bisherige Analyse war kritisch und formal; kritisch, sofern sie aus den mannigfachen Möglichkeiten der Interpretation eine bestimmt wählende herausgriff, deren Vollwertigkeit sie vordem objektiv begründet hatte, und formal, sofern sie den Übermenschen und die ewige Wiederkunft des Gleichen nicht eigentlich definierte, sondern eher lokalisierte. In beidem sucht sie, als blosse Vorstudie ihre Aufgabe zu erfüllen und weiteren positiven und kritischen Untersuchungen den Weg zu bahnen. Hier sucht sie ferner in Nietzsche selber nach einem festen Masse zur Beurteilung Nietzsches, die in ihrem vollen Umfang einer neuen und umfassenden Arbeit vorbehalten bleibt. Diesen Rahmen soll sie auch hier nicht verlassen, wo die formale Kritik ein gutes Stück Weges vorwärts rücken mag.

Der Begriff des Übermenschen, an dem das Problematische und Positive der Nietzsche'schen Lehren am weitesten und tiefsten sich erkunden lässt, scheidet, da er nach dieser Seite der später zu leistenden Hauptarbeit angehört, aus den sich hier anreihenden Erörterungen aus. Es genügte, ihn durch die Idee der ewigen Wiederkunft des Gleichen erläutert und mit ihr identifiziert zu haben. Diese ist es wieder, die in sich den Schlüssel zu Wahrheiten und Irrtümern trägt. Die Wahrheit habe ich bereits ans Licht gezogen und die Grundideen Nietzsches formal zu interpretieren gesucht. Die Irrtümer harren nunmehr der Erwägung, die ihre weitere Kritik vorbereiten soll. Die Wahrheit, die eine Wahrheit nun ist die Symbolisierung der ewigen Wiederkunft und ihre Identifizierung mit dem Übermenschen. Der Irrtum, der eine Irrtum, ist die Realisierung der ewigen Wiederkunft und die Unmöglichkeit ihrer Vereinbarkeit mit dem Übermenschen. Wie dort mit der Zurückleitung zum gemeinsamen Ursprung das logische Gleichgewicht gesichert war, so ist hier mit der Entdeckung des widerspruchsvollen Faktors der Fehlerquell aufgezeigt, aus dem alle Irrtümer entspringen. Es lohnt sich also der Mühe, dem Problem weiter nachzugehen, dessen Erhellung, da es wenigstens zum Teil den Sitz der Widersprüche aufspüren hilft, immens zum vertieften Verständnis Nietzsches beitragen muss. Der labile Gleichgewichtszustand, der durch die Verschiebung des Schwerpunktes in der Idee der ewigen Wiederkunft vom Symbol zur Realität hervorgerufen wird, lässt sich nunmehr, da diese ergründet wird, exakt mathematisch formulieren.

Man könnte hier zu fragen versucht sein, warum speziell diesem einen Irrtum die schwere Last der Verantwortung aufgebürdet wird. Sicherlich bleibt ein logischer Fehler in jeder, selbst in einer den knappen Panzer der strengeren Systematik verschmähenden und das biegsame Gewand der Aphoristik vorziehenden Philosophie nicht auf sich allein beschränkt, sondern zieht weitere Kreise und greift auf nähere und fernere Gebiete über. Auch die Systemlosigkeit hat ihr System, wo es sich um Irrtum und Wahrheit, um ja und nein handelt. Es sieht indessen gewagt aus, will man auf einen Punkt die Beweisführung konzentrieren und in einem Missgriff das Verhängnis einer ganzen Weltanschauung sehen. Dennoch lässt es sich unschwer zeigen, dass die Idee der ewigen Wiederkunft auch nach der negativen Seite das leistet, was sie, wie die früheren Darlegungen enthüllt haben, nach der positiven uns bieten konnte, hier die Einsicht in den Sinn, dort die Einsicht in den Widersinn der Nietzsche'schen Lehren. Sie bildet ihr Fundament, das in sich geschlossen und gesichert sein muss, um den Oberbau zu tragen. Jede Lücke und Schwäche macht sich im Zusammenhang des Ganzen fühlbar. Abgesehen von der Rolle, die sie bei unserm Denker zu spielen berufen ist, erhellt es auch von selber, dass ein Gedanke, der so unmittelbar das Unsterblichkeitsproblem tangiert, von grosser Tragweite für eine Philosophie sein wird, die alle Phänomene unter dem Gesichtswinkel ethischer

Wertungen betrachtet, eine Tendenz, die für den „Antimoralisten" Nietzsche vor allem charakteristisch ist. Die Frage nach der Bestimmung des Menschen, die sich am gebieterischsten in dem Postulat des Übermenschen kundgibt, ob sie Zarathustra nun verneint oder bejaht, ist nicht abgesondert davon zu behandeln. Nach unvergänglichen Werten strebt die Metaphysik von jeher, und die Unsterblichkeit ist die Anwendung dieses Problems auf das menschliche Dasein, also eine Verbindung von Erkenntnistheorie und Ethik, von den letzten Zielen des Denkens mit den letzten Zielen des Wollens. Das Unsterblichkeitsproblem, oder wie man es auch charakterisieren kann, das Problem des Absoluten, muss daher bei dem angeblichen Skeptiker und Relativisten Nietzsche besonderes Interesse erwecken.

Ich habe bereits früher eingeräumt, dass der Denker in meiner Kommentierung nicht blos reproduziert, sondern in bestimmtem Sinn auch korrigiert worden ist. Denn er selber hielt sich keineswegs streng in den hier festgelegten Schranken. Der Übermensch war Realität, auch Realität. Nietzsche hatte daher das volle Recht, ihn als solche zu behandeln und ihm positive, gleichsam sinnliche Bestimmungen abzugewinnen. Ob er in diesen recht behalten kann, ist eine andere Frage, von der in gegenwärtiger Vorarbeit geflissentlich abgesehen wird, da sie sich bloss an das Tatsächliche halten will und seine einzelnen Modalitäten einstweilen beiseite stellt. Die ewige Wiederkunft des Gleichen ist bloss Symbol. Als kosmologische Theorie ist sie unbegründet und, was noch weit mehr sagt, sinnlos. Dass alles nach bestimmten Perioden wiederkehrt, wäre, selbst wenn man es beweisen könnte, eine simple Erkenntnis real bestehender Verhältnisse und als solche indifferent, es sei denn, man schafft ihr eine Beziehung zur Moral, erhebt sie also in den Rang eines sittlichen Symbols. Da es aber einen derartigen Beweis nicht geben kann, so muss der Versuch, die ewige Wiederkunft trotzdem als Glaubensartikel aufrecht zu erhalten, zugleich als ein Versuch beurteilt werden, sie ihres symbolischen Charakters zu entkleiden, also das Band zu zerschneiden, das sie an die Ethik knüpft. Dadurch ist das Grundelement in seinem Bestand angegriffen und es entsteht ein Problem, das sich bereits am Eingang der Kritik erhebt, und von dessen Behandlung ihre weiteren Ergebnisse abhängig sind.

Es kann nun nicht geleugnet werden, dass die Idee der ewigen Wiederkunft des Gleichen für Nietzsche eine mehr als symbolische Geltung besass, eine Geltung, die naturgemäss sogar dem Symbol entgegenarbeiten musste. Schon die beharrliche Energie, mit der er sie immer wieder in den Vordergrund rückt und sie förmlich als den letzten Trumpf jeder pessimistischen Anschauung gegenüber ausspielt, das seltsame, fast feierliche Pathos, das über ihr schwebt, die dithyrambische Kraft, mit der er sie zu einer neuen Realität emporhebt, die ihr ihrem innersten Wesen nach fremd sein muss, all das sind sprechende Beweise für diese übrigens so naheliegende Vermutung. Es galt nicht bloss die Idee, sondern auch die Wirklichkeit des ewigen Lebens zu retten. Sonst hätte sich Nietzsche mit der lediglich poetischen Fassung begnügen können und nicht nach theoretischen Argumenten suchen müssen, die seine Hypothese zu stützen vermochten. Er versprach sich von der Mathematik den erhofften logischen Beistand. Somit verzichtete er nicht auf den einzigen Zweck dieses Beistandes, auf die reale Giltigkeit der Idee. Diese Erkenntnis mag einen einigermassen befremden, besonders, wenn man überhaupt die ewige Wiederkunft des Gleichen als Problem ansieht und nicht bloss, wie es in der Nietzscheliteratur gebräuchlich ist, ihren Stimmungsgehalt prüft und sich von diesem künstlerisch inspirieren lässt. Dann kommt man allerdings mit ihrer Einreihung unter den Gattungscharakter des Dionysischen aus und begibt sich mit apollinischer Gemächlichkeit jeder weiteren Untersuchung. Wer aber Pedant genug ist, den Denker beim Wort zu nehmen und nicht bloss zu inhaltsloser Silbenmystik und Klangpoesie Pedal zu treten, kann mit einem so billigen Auskunftsmittel nicht sein Genüge haben. Schon im früheren habe ich Gelegenheit gefunden hervorzuheben, dass nicht bloss nach der mehr physischen Seite, sondern auch ideell eine konsequente Auffassung der ewigen Wiederkunft als einer Realität direkt auf die Beseitigung der Vorstellungsreihen hinarbeitet, in denen das Ideal des Übermenschen seinen Ursprung nahm. Dieses verlangt die Erzeugung einer völlig neuen Menschheit aus dem Schosse der alten heraus. Eben ihre Neuheit und Jugend, „das Kinderland", gibt dem sie verwirklichenden Wollen den ganzen Wert, das Wollen soll ferner gerade in der Richtung auf den Übermenschen frei sein, sich alles kleinlichen Zwanges entledigen und aus seinen eigenen Tiefen schöpfen. In dieser Zwecksetzung, nicht in dem resultierenden Erfolg, der immer problematisch bleibt, da er durch eine Summe aussenweltlicher Voraussetzungen bestimmt wird, liegt, wie ich ausführlich zu begründen suchte, der ethische Kern des Nietzsche'schen Gedankenganges. Wenn aber der Übermensch schon ungezählte Male da war und noch ungezählte Male denselben Schauplatz von neuem betreten wird, wenn das rollende Rad des Zeitgeschehens, das ewig um die ruhende Axe kreist, von einer unsichtbaren Hand gelenkt wird und der Mensch nicht in seine Speichen greifen kann, dann sinkt er in seinem intensivsten Wollen zur Marionette herunter, und was er leistet, schafft er nicht aus einer inneren, unversiegbaren Kraftfülle, sondern nach dem Gesetz der Zeit, weil er es bereits einmal früher schuf und unendlich oft vorher; Geschlechter entstehen, versinken und entstehen wieder wie die Ziffern einer periodischen Zahl. Da ist kein Übermensch mehr, der neue Züge besässe, sondern ein Übermensch in so- und sovielter Auflage, da existiert kein freies Wollen mehr für die fernsten und erhabensten Zwecke, sondern das Schema des Wollens ist ein für alle Male festgelegt. Über die Bühne der Welt wandeln auf hohem Kothurne in der unfreiwilligen Pose parodistischer Erhabenheit hölzerne Drahtpuppen, die nicht den eigenen Intentionen, sondern dem im Hintergrunde verborgenen Regisseur gehorchen. Die Situation erinnert an die Grotesken der romantischen Ironie. Die agierenden Personen spielen in feierlichem Ernst ihre Rollen, bis einer den Mechanismus der Coulissen enthüllt und sie beruhigt: auch diese Täuschung geht vorüber, es war nicht mehr als eine geschickt in Scene gesetzte Komödie.

Was uns indessen noch entschiedener wundernehmen muss, als dieser Widersinn, ist das Moment des Glaubens, das sich in der realistischen Fassung der Idee der ewigen Wiederkunft kundgibt. Der Skeptiker Nietzsche liebte es, die Wertlosigkeit des reinen Erkennens damit zu begründen, dass es in letzter Instanz auf dem Glauben, auf dem Willen zum Glauben basiere. Er liebte es, die Philosophien als Glaubensbekenntnisse zu diskreditieren und die Philosophen als Bekenner, die Erkenntnis fingierten. Es erschien ihm als ein Mangel an Heroismus, Wünsche in Realitäten umzulügen. Die Transcendenz ist ihm eine Sehnsucht, hinauszukommen, hinüberzukommen, und alle Sehnsucht soll doch in das Ideal, soll in den Willen zum Übermenschen münden. Der weltmüde Wanderer soll nicht die heuchelnde Maske des reinen Denkens oder der kontemplativen Betrachtung vor das Antlitz nehmen. Weit eher ziemt es sich ihm, sein Haus dem Übermenschen zu bereiten.

Und Nietzsche gibt auf einmal selber dem gleichen Egoismus nach. Er sieht freilich nicht jenseits der Wolken, sondern die Ewigkeit soll auf Erden gesucht werden. Aber ist dies nicht der Gipfel des menschlich allzumenschlichen Begehrens, vom Tode unberührt zu bleiben und dem Leben keine Schranken gezogen zu sehen? Es ist an kein Jenseits, an keinerlei Fortsetzung und Erneuerung der irdischen Existenz in überirdischen Regionen zu denken; aber das Individuum soll dennoch vor dem Untergang bewahrt werden, es soll des ewigen Lebens sicher sein. Man kann darin eine unbegreifliche Konzession an die Bedürfnisse des Alltags erblicken, denn aus dem Früheren ergibt sich deutlich, dass die unbegrenzte Kontinuität des zeitlichen Daseins das herrschende Motiv der Lehre von der ewigen Wiederkunft wird, wenn man es von dem üppigen Rankenwerk der Symbolik befreit. Aber von Optimismus kann auch hier nicht die Rede sein. Mit Recht hat man hervorgehoben, dass im Glauben an die ewige Wiederkunft die härteste Askese lag. Nietzsche bangte anfänglich vor dieser abgründigen Möglichkeit; und weil er in diesem Gefühl der Bangigkeit Weltmüdigkeit ahnte, sah er ihr unverwandt ins Antlitz. Er zwang sich dazu, bezwang sich zu ihr um dieser Furcht willen. Sie sollte ihm den Rückweg abschneiden und immerdar nach vorwärts drängen. Doch ist das Problem damit bloss auf eine höhere Unterlage gesetzt, nicht etwa seiner Entscheidung näher gebracht. Nietzsche mag sich an der Möglichkeit des ewig Gleichen nicht heimlich gefreut haben, sondern davor mit Entsetzen zurückgebebt sein. Auf jeden Fall erkannte er das Pathos des Unsterblichkeitsgedankens und gab sich ihm ohne Rückhalt gefangen. Er brachte ihm ein wohl mit Furcht und Grauen untermischtes B e d ü r f n i s entgegen, er v e r l a n g t e also nach der Unsterblichkeit. Hedonismus war dabei nicht im Spiele, wohl aber die Schwäche des moralischen R e a l i s m u s, der die Idee zur Realität vergröbert. Diesen Irrtum beging Nietzsche, ihm müssen wir auf die Spur kommen. Er hat das Verhältnis von Wirklichkeit und Symbol missdeutet und deshalb die ewige Wiederkunft des Gleichen in die Sphäre des sinnlichen Seins getaucht. Dieser Irrtum ging aus der Stellung Nietzsches zum Problem der Metaphysik überhaupt hervor. Sie lässt sich aber bloss von der Seite des Unsterblichkeitsgedankens, dessen erkenntniskritische und psychologische Erörterung uns auf einem langen Weg zu unserem Ausgangsort zurückführen soll, klarer beleuchten.

Unser Zeitalter ist dem Unsterblichkeitsgedanken nicht eben günstig. Die Psychologie ohne Seele hat ihm das Fundament entzogen. Religiöse Dogmen besitzen nicht mehr die überzeugende Kraft früherer Epochen. Moralische Postulate pflegen nicht auf dem Tagesmarkte zu kursieren. Das Rudiment dieses Bedürfnisses zieht heute seine Nahrung aus dem sozialen Optimismus. Mit der Erhaltung der Gattung soll das Individuum zufrieden werden, darüber hinaus kann es nur Ansprüche, aber keinerlei Garantien geben. Derartige Ansprüche soll der Mensch nicht erheben, denn sie werden als feig und egoistisch, als Unfähigkeit, der Gesamtheit zuliebe Verzicht zu leisten, verurteilt. Es heisst sich bescheiden. Die transcendente Unbescheidenheit ist Mangel an Mut und Resignation. Dieser Vorwurf tangiert auch die Nietzsche'sche Lehre von der Idee der ewigen Wiederkunft. Ihr Heroismus wird damit von neuem in Frage gestellt. Der Ruf nach dem Übermenschen verhallt und sein Echo ist ein schwächlicher Aufschrei des unersättlichen Lebenshungers.

Diese absprechende Beurteilung des Unsterblichkeitsproblems konnte blos auf dem Boden zeitgemässer Einseitigkeiten erwachsen. Sie kann sich der Menge gegen sie losstürmender Argumente nicht erwehren. Wie will man es erklären, dass das Ideal der Unsterblichkeit nicht bloss den Kern des religiösen Denkens bildet, sondern auch die tiefsten Künstler und Philosophen immer aufs mächtigste bewegt hat? Das kann kein kruder Egoismus sein, was diesen Männern mehr als Leid und Freude am Herzen lag. Die Wurzeln ihres Glaubens müssen tiefer liegen als im zerklüfteten Boden des Trieblebens. Sie wollten nicht den begrenzten Termin, den ihnen das Geschick gegönnt hat, ins Unermessliche verlängern. Sie dachten das Jenseits überhaupt nicht nach Analogie des Diesseits, und den Faden, der sie untereinander verknüpft hielt, spann nicht der elementare Instinkt der Selbsterhaltung, den niemand als Organ einer übersinnlichen Erkenntnis ansehen kann. Es ist darum eine willkürliche und unrichtige Behauptung, die durch keine Erfahrung gestützt wird, dass Menschen, bei denen der Intellekt keine grosse Rolle spielt und die Triebe prävalieren, den Unsterblichkeitsgedanken ins Leben gerufen hätten. Eben solche Individuen finden sich erstaunlich rasch mit dem Gedanken an den Tod ab. Wer das Leben in seiner nackten Realität ergreift, überzeugt, dass sich hinter dem, was sinnlich und greifbar in die Augen springt, nichts Tieferes birgt, wird das Ende der Tragödie mit cynischer Gelassenheit erwarten. Die Rolle ist gut zu Ende gespielt; nunc applaudite. Wer dagegen im Leben nach Symbolen ringt, wird nicht so gleichgültig den Weg zurücklegen. Er wird fragen und auf Antworten warten. Er will die Grenzen der Erkenntnis über Tod und Leben erheben. An den Gebilden der Wirklichkeit geht der Mensch vorüber, es sei denn, sie legten ihm Rätsel und Probleme vor.

Die Furcht vor dem Tode ist Ehrfurcht vor dem Leben. Das ist keine Pöbelfurcht, kein heimliches Zwinkern der Augen, sondern die Furcht bei allen tiefen Problemen, die im ganzen Umkreis des vernünftigen Denkens keine Aussicht auf Lösung haben. Es handelt sich hier um Fragen, die nicht beantwortet und gleichwohl nicht umgangen werden können. Es ist eine schale Ausflucht, die höhere Menschen mit Entrüstung von sich weisen dürfen, einem Problem bloss deshalb die Existenzberechtigung zu bestreiten, weil man nicht den Schlüssel zu seiner Lösung in der Hand hält. Die mitternächtigen Gespenster gehen um, auch wenn der Schläfer furchtsam die Decke über den Kopf zieht. Vor dem Rätsel des menschlichen Lebens vergeht die Pose des Positivismus. Der Unsterblichkeitsdrang, der demnach mehr ist als ein Wunsch, den Termin des Lebens nach Kräften zu verlängern, um einen desto grösseren Gefühlsprofit in Lustwerten zu erzielen, hat seinen stärksten Widerhalt weniger in der unstillbaren Sehnsucht nach Ewigkeit, die ein blosses Verlangen bliebe und noch nicht Verheissung in sich trüge, als in dem positiven Bewusstsein der Unsterblichkeit, im Bewusstsein eines Wertes, der unsterblich ist.

Damit rühren wir an das interessanteste psychologische und ethische Problem. Man kann nach den entscheidenden Gründen für das verschiedene Verhalten der Menschen in dieser gedanklichen Sphäre suchen. Dann nähert man sich dem Grundproblem der Charakterologie. Man kann ferner nach den weiteren Folgen ihres verschiedenen Verhaltens forschen, den Folgen, die sich für ihr eigenes Geistesleben und für ihre äussere Wirksamkeit ergeben. Dann greift man von der Psychologie auf die Historie über und tritt vor das Kulturproblem. Bevor man diesen Weg nimmt, sollte man aber zu erschliessen suchen, was die Unsterblichkeit exakt erkenntnistheoretisch, sofern sie in nahen Zusammenhang mit dem Zeitproblem rückt, zu bedeuten habe.

Vor der exakten Untersuchung, die den anderen vorangehen soll, darf man die populären Auffassungen der Unsterblichkeitsidee, die bloss vage gefühlsmässig oder in begrifflicher Klarheit zur Geltung gekommen sind, der Reihe nach durchgehen. Die Unsterblichkeit in ihrer sinnlichsten Darstellung, als Fortsetzung des Lebens nach dem Tode, wobei das Subjekt aber keinerlei tiefer greifende Umwandlung erfährt, hat sich noch wenig vom Dogma emanzipiert. Der Grundcharakter dieser Auffassung ist meistens ein hedonistischer, denn die intakte Erhaltung des Subjektes unter ähnlichen Voraussetzungen, wie sie für dasselbe während seines irdischen Lebens in Kraft traten, spielt bei ihr die Hauptrolle. Ob Lohn oder Strafe im Jenseits auf das Individuum harren, ist prinzipiell gleichgültig. Sofern überhaupt die Aussicht auf Lohn eröffnet wird, ist die Idee bereits versinnlicht und dem kausalen Konnex der Triebe als ein gleichwertiges Glied eingereiht. Man denkt sich ein anderes Leben nach Analogie des selbst Erlebten. Man postuliert eine neue Wirklichkeit, die die Züge unserer Welt trägt. Die Unsterblichkeit ist eine Fortführung der Gegenwart.

Die nächsthöhere Stufe, oder allgemein, die nächste Stufe liegt darin, dass man die Unvergänglichkeit von dem Subjekt auf die Gattung überträgt. Das Individuum mit seiner sozial und psychologisch beschränkteren Sphäre tritt vor den generellen Zwecken bescheiden zurück. Was bestehen bleibt, ist nicht sein Wille, sein Selbst, sondern die Gattung, die in ihren einzelnen Gliedern vergänglich ist, aber in der Kontinuität der Glieder ein nicht in zeitliche Grenzen eingeschlossenes Dasein führt. In der Gattung verschwindet das Individuum, und in der Gattung erhält sich das Individuum. Was an der Gattung vergänglich bleibt, ist das Individuum; was an dem Individuum unsterblich bleibt, ist die Gattung. Es ist ein wechselseitiges Verhältnis des Nehmens und Gebens. Überall aber ist die Gattung das unaufhörlich wirksame Attraktionszentrum. Die Gattung ist indessen ein Begriff und keine Idee, ein Begriff, der immer eine sinnliche Unterlage braucht, eine sinnliche Vertretung gleichsam, in der er Fleisch und Blut erhält. Die Gattung erschöpft sich nicht in einem Individuum, aber sie ist an die Individuen gebunden. Auch diese Unsterblichkeit rankt sich also an der sinnlichen Erfahrung empor und kann ihrer Stütze nicht entraten. Es ist eine Unsterblichkeit, die über das eine Subjekt hinausgreift, sich aber in der Gattung fängt. Sie schränkt den Egoismus ein und gibt ihm zugleich ein neues Feld der Anwendung. Denn in den Begriff der Gattung flüchtet man die liebsten Überreste der egoistischen Theorie und Praxis. Er ist das stärkste Bollwerk eines Eudämonismus, der nicht Farbe bekennen will. Ausserdem wälzt das Individuum das Unsterblichkeitsproblem nur scheinbar von sich auf den neuen abstrakten Träger ab, denn in diesem entäussert es sich seiner selbst, und Unsterblichkeit von jeder konkreten, gewöhnlichen Unterlage abgetrennt, ist eitel Illusion und Wortklang. Die Frage bleibt eben ohne Rücksicht auf ihre sozialethischen Verzerrungen die, ob es im Menschen, nicht in der menschlichen Gemeinschaft etwas gäbe, was auf Unvergänglichkeit Anspruch erheben dürfe. Beide sind in derselben Weise dem Walten des Zufalls unterworfen, an seine Wandlungen in ihrem Bestand und Vergehen gebunden, und die zeitliche Differenz, auf die sich die Überlegenheit des Geschlechtes gegenüber dem Einzelsubjekt gründen soll, ist bloss relativer Natur. Die Erhaltung der Gattung ist von Faktoren abhängig, deren eindeutig bestimmbare Wirksamkeit sich vielleicht für immer der menschlichen Berechnung entziehen wird. Man soll aber vor allem das Individuum nicht plündern, um die Gemeinschaft zu bereichern. Man darf nicht mit dem immerwährenden in effektvollem Pathos vorgebrachten Hinweis auf die Vielzahl die Einzahl ihrer Dignität entkleiden. Die Gemeinschaft fixiert den Punkt, wo ein Individuum den anderen konform und recht eigentlich sich selber gleichgiltig wird, der Unsterblichkeitsgedanke dagegen setzt eben dort ein, wo es entschlossen aller interindividuellen Konformität den Rücken kehrt.

Die Restitution des Individualismus ist also nicht in dem Sinn misszuverstehen, als ob damit eine Rückkehr zum ersten dogmatischen Stadium geplant wäre. Das Verlangen nach Ewigkeit hat nicht seinen Grund und sein Mass in sinnlichen Merkmalen. Der Mensch will nicht den unbegrenzten Fortbestand dieser Lust und dieses Leides, sondern seiner selber als Trägers von Lust und Leid. Er will daher nicht die Ewigkeit in den Kreis der zeitlichen Erlebnisse hinabziehen, sondern sich in eine Region erheben, der der Wert der Ewigkeit zukommt. Es eröffnet sich eine Reihe von Möglichkeiten, diesem Streben Rechnung zu tragen. Die Metaphysik, besonders in ihrer Beziehung zur Ethik, gibt ihm theoretischen Ausdruck. Das metaphysische Grundproblem liegt eben darin, Existenzialwerte zu gewinnen, die nicht in der Zeit variabel und überhaupt keine Funktion der Zeit sind, von ihr in keiner Art tangiert werden. Dieses Ziel kann man in die Region des Seins oder bloss in die des Denkens verlegen. Man nimmt entweder neben der phänomenalen Reihe eine zweite, metaphysische an, wobei also der Seinsbegriff eine Spaltung nach der Seite der Erscheinungen und der Dinge an sich erfährt, oder man begnügt sich damit, zu ideellen Grenzbestimmungen aufzusteigen, die ihrer logischen Konstanz nach der zeitlichen Veränderung entrückt sind. Im ersten Fall strebt man nach absoluten Existenzen, im zweiten nach absoluten Werten. Ewig ist dort das Sein, ewig ist hier der Gedanke. Die erste Möglichkeit ist die greifbarere und daher die öfter verwirklichte. Es liegt näher, dem Übersinnlichen nach Analogie des Sinnlichen die Kategorie des Seins beizulegen, als ihm auch diese abzusprechen und ihm die über alle Realität erhabene Domäne des reinen Vernunfterkennens zuzuweisen. Sofern der Mensch Erscheinungselement ist, hat er dennoch keinen Anspruch auf ewige Dauer, sofern er, sei es im Sein oder im Denken, an dem Absoluten Anteil erhält, steht er ausserhalb der Zeit und desjenigen, was in ihr ist und wird. So lehrt die indische Religion neben dem Atman das Brahman, der Buddhismus neben der Sansara das Nirwana, der Neuerer dieser Lehren, Schopenhauer, die Vergänglichkeit des Intellektes neben der Ewigkeit des Willens, und diesen ontologischen Auslegungen des metaphysischen Gedankens gegenüber vertritt Kant die transcendentale Auffassung der Ideen und des kategorischen Imperatives. Allen aber ist gemeinsam die Läuterung des Unsterblichkeitsgedankens von den Zusätzen der Sinnlichkeit und seine Übertragung auf ein Gebiet, das gegen diese durch einen breiten Raum abgegrenzt ist.

Das Problem der Unsterblichkeit rückt also innerhalb der Peripherie der metaphysischen Probleme. Wo es ausserhalb derselben verlegt wurde, war es Missdeutungen verschiedener Art preisgegeben. Die dogmatische Auffassung nahm ihm alle Flugkraft und vergröberte es zum Erhaltungstriebe, der diesmal seine Schranken ins Unendliche erweitern wollte. Aber die Unendlichkeit ist kein Wunsch und kein Geschenk, sondern ein Kriterium ethischer Werte. Die Ewigkeit als Prädikat der Gattung drängt das Problem in eine Sackgasse, wo es keine freien Ausblicke gab. Soviel war allerdings durch diese Wendung gewonnen, dass das Problem von dem grob Sinnlichen und Beschränkten der ersten Fassung befreit war und wenigstens das physische Element hinter sich liess. Mit dem Ideal der Gattung war einmal etwas gesetzt, was den Menschen über seine vier Wände hinausführt und ihm ins Gedächtnis zurückrufen konnte, dass er als Glied einem grösseren Zusammenhang angehört und dieser Zugehörigkeit nicht durch ein kleinliches Meiden fernerer Ziele billigen Kaufes ledig zu werden suchen sollte. Es war daneben immerhin der Bereich der unmittelbaren Anschauung verlassen, da die Gattung als solche nirgends in Erscheinung tritt und nicht demonstriert, sondern nur konstruiert werden kann, und der Weg zum Begriff betreten, der das strittige Problem aus der Region der selbstischen Triebe, dem Mutterboden des Wollens, in die Höhe denkenden Erkennens hob. Man suchte nicht mehr nach Phänomenen, sondern nach Werten. Aber man war noch auf Irrwegen. Die Werte waren falsch lokalisiert worden, und es bedurfte eines scheinbaren Rückganges auf das bereits verlassene Stadium, um die richtigen Pfade aufzuspüren. Über das Phänomen des Menschen und den Begriff der Gattung hinausgehend, strebte man nach Werten, die das Individuum an der Idee des Absoluten läutern und erheben mussten. Das war individualistisch aber keinerlei Äusserung des Eigennutzens.

Es kann in Wirklichkeit keinen grösseren Gegensatz geben als zwischen Egoismus und Individualismus. Der Egoismus schliesst den Individualwert aus, indem er ihn auf eine Summe sinnlicher Triebe restringieren will, der Individualismus schliesst die egoistischen Motive aus, indem er dem Individuum einen von ihnen unabhängigen Wert geben will. Die Grenzen zwischen ihnen zu verwischen und einer Art philosophischen Freihandel Raum zu geben, konnte bloss einer Zeit möglich sein, die bei allem wüsten Fetischismus, den sie mit der grossen Persönlichkeit treibt, ihrer wahren Bedeutung völlig fremd gegenübersteht. Das ist das Erhabene, dass das geniale Individuum über sich hinauszuschaffen verlangt, und nicht mit selbstzufriedener Eitelkeit sein Innerstes dem Späherblick der Menge preisgibt. Der Wille, sich schaffend zu überwinden, ist aber dem Kleinbürgertum des Gemütes, für das der Egoismus die adäquate psychologische Erscheinungsform ist, konträr entgegengesetzt. Dieser Wille erscheint als Sehnsucht nach der Unsterblichkeit, denn es ist der Wille nach den ewigen Werten. So kann das Problem der Unsterblichkeit nicht isoliert werden von dem Wertproblem, das sich auch als der Lebensnerv aller Metaphysik enthüllt hat.

II. Das Zeitproblem

Das Unsterblichkeitsproblem greift zunächst in die Metaphysik über. Es widerspricht der empirischen Auffassung des zeitlichen Daseins. Die Unsterblichkeitslehre negiert die Zeit, sofern sie jedes begrenzbare Quantum, die Zeit neben der Zeit ausschaltet, sie setzt die Zeit, da sie die Zusammenfassung aller möglichen Zeitreihen in ein vollendetes und allseitig geschlossenes Ganzes enthält.

Die Frage ist also zunächst, was denn überhaupt die Zeit sei. Damit muss die Untersuchung anheben, die die bestimmte, eben angedeutete Modifikation des Zeitbegriffes auf ihre verschiedenen Voraussetzungen prüfen soll. Was die Zeit metaphysisch und erkenntnistheoretisch bedeutet, ist nicht der Gegenstand unserer Erörterung. Wie sie entsteht und ob sie überhaupt entsteht, was ihre Analyse oder begriffliche Fixierung ergebe mit Rücksicht auf die Erkenntnistheorie und Metaphysik, kommt hier nicht in Anbetracht. Es liegt mir fern, nach der einen oder der anderen Seite Konsequenzen zu ziehen, die gewonnenen Ergebnisse als Bausteine eines neuen Dogmas zu benutzen; den logischen und psychologischen Zusammenhang der Fragen suche ich hier aufzuhellen, nicht die Möglichkeit ihrer Beantwortung zu erwägen oder vorzubereiten. Es handelt sich mir um nichts als um die Genesis der Probleme, sofern dadurch ihre innere Verwandtschaft in ein neues Licht rückt, und das eine logisch oder zeitlich als eine Vorstufe des anderen dargestellt wird.

Das Zeitproblem steht aber am Eingange einer ganzen Reihe anderer Probleme: der metaphysischen Grundprobleme, und durch deren Vermittlung im Zusammenhang mit dem auf dem Wege einer metaphysikfreien Betrachtung in seiner geheimsten Tiefe nicht zu ergründenden Kulturprobleme, sowie mit den psychologischen Problemen, die der Charakterologie wegweisend vorangehen müssen. Eben darum, vermöge der dominierenden Stellung, die das Problem der Zeit bloss durch sich erhält, ohne schon speziellen Doktrinen als ein konkreten Zwecken dienstbares Element einverleibt zu werden, will ich hier den Standort des populären Bewusstseins betreten und von da aus, also ganz innerhalb der Grenzen des durch keine dogmatischen Erwägungen voreingenommenen Menschenverstandes die Entfaltung der Probleme zu skizzieren suchen.

Die Zeit ist die condicio sine qua non alles äusseren und inneren Seins. Die oberflächlichere Betrachtung erkennt bereits, dass sie nicht bloss den Hintergrund oder das Proscenium des wachen Bewusstseins füllt. Kant nennt die Zeit die Form des inneren Sinnes. Das ist nicht so aufzufassen, als ob damit das aussenweltliche Geschehen als unzeitlich charakterisiert wäre. Es gibt kein Phänomen, das ausserhalb ihrer zu denken ist. Ein psychologisches Erlebnis ist aber auch der physische Vorgang. Er nimmt daher auch immer eine Stelle in der Zeitreihe ein. Räumlich bestimmt ist bloss das, was wir in der Aussenwelt lokalisieren. Wenn auch das Vorstellungsleben sich in einem Vorstellungsraum abspielen sollte, so ist es doch unzulässig, jedem aus der komplexen Mannigfaltigkeit losgelösten oder loslösbar gedachten psychologischen Element, zum Beispiel den Lustgefühlen oder Willenserscheinungen, eine räumliche Charakteristik zu leihen. Aber es existiert nichts, was nicht in der Zeit existiert.

Die Zeit ist also die oberste Voraussetzung alles Werdens und Seins. Sie hat kein Ausserhalb und keinen Grund, aus dem sie abzuleiten wäre. Darum ist sie nicht definierbar. Aber auch im Sinn einer reinen Deskription begrifflich zu fixieren, was sie ist, stösst auf unerwartete Schwierigkeiten. Es ist unendlich schwer, die Zeit aus der Form der Anschauung in die Form des Begriffes hinüberzuführen. Auch hier mag das Problem der populären Betrachtung möglichst nahegerückt werden.

In der Zeit liegt zunächst das Element des Werdens. Sie ist die unbegrenzte Succession einzelner in der Anschauung kontinuierlicher bloss begrifflich diskreter Momente. Der rastlose Strom von Sein und Vergehen quillt unermüdlich fort, Entwirklichung und Verwirklichung folgen einander auf dem Fusse. Wenn die Zeit aber nichts enthielte, als die Flucht der Phänomene, das ewige Hinabtauchen des in einer unendlich kleinen Gegenwart real Existenten in den Schoss der Vergangenheit, das ewige Auftauchen neuer Elemente aus dem unerschöpflichen Born der Zukunft, dann könnte die Welt, die selber im fortwährenden Wechsel nirgends zur Ruhe käme, auch nicht Objekt des Denkens werden, denn es existierte kein Substrat, an dem dieses seine Arbeit ansetzen könnte. Ob die aufeinanderfolgenden Phänomene voneinander vollkommen differieren oder ähnliche Züge tragen, spielt hier naturgemäss keine Rolle. Da nämlich immer bloss ein Zeitatom perzipiert wird, ohne Verbindung mit den anderen, existiert vorläufig nicht einmal die Möglichkeit einer Beziehung des Späteren auf das Frühere. Die Zeit, als blosses Medium der Verwandlung begriffen, lässt sich demnach nicht konsequent zu Ende denken. Es gäbe keine Reihe aufeinanderfolgender und inhaltlich zusammenhängender Vorgänge, sondern ein Aggregat von Gegenwarten, die keine zeitliche Kombination eingehen, da sie punktuell demnach dimensionslos auftreten. Damit Zeit aufgefasst werden könne, ist die feste innere Wechselbeziehung und die dergestalt ins Leben gerufene Kontinuität und Konstanz erforderlich. Bloss so ist Gegenwart als Gegenwart, Vergangenheit als Vergangenheit, Zukunft als Zukunft möglich. Auf diese Art allein kann in der Entwicklung das Bleibende, im Werden das Sein erfasst werden.

Es ist hier nicht der Ort, Erkenntnistheorie oder Metaphysik im Anschluss an das diskutierte Problem zu betreiben. Wir sollen uns vielmehr der Psychologie zuwenden. Was ist für den Menschen, das will sagen, anthropologisch erforderlich, damit er den zeitlichen Zusammenhang aufnehmen und festhalten könne? Das Gedächtnis ist hierfür die unentbehrliche psychologische Funktion, aber sie kann die erwähnte Möglichkeit bloss vorbereiten. Denn die Aneinanderreihung desjenigen, das war, mit demjenigen, was existiert, möchte zunächst bloss ein mechanisches Gefüge verschiedener Zeitteile hervorbringen, nicht aber den festen, konstanten Hintergrund, von dem sich alles Wechselnde abhebt. Die Erinnerung für sich schafft also weder die Zeit, denn als psychologisches Erlebnis geht sie selber in der Zeit von statten, noch reicht sie dazu aus, um ihre Auffassung von seiten des Menschen plausibel zu machen. Dies leistet die synthetische Einheitsfunktion des Denkens, die nicht bloss wie das Erinnern die einzelnen

Vorgänge aufeinander bezieht, sondern alle insgesamt auf ein ruhendes Fundament, das nicht selber angeschaut wird, aber jeder Anschauung vorangeht. Ob dieses relativ oder absolut beharrend, real oder imaginär ist, ob es der Objektssphäre angehört oder dem Subjekt entstammt, braucht hier nicht erörtert zu werden. Seine Verwendung, und nicht seine Herkunft ist für uns das Wesentliche.

Aber von dem ersten Dilemma gerät man jetzt in ein zweites. Früher konnte man nicht begreifen, wie das Werden in einer Anschauung oder einem Begriff zur Ruhe gelangte, jetzt gerät man ins entgegengesetzte Extrem. Man hat seine Not, vom Sein zum Werden hinabzusteigen. Die eine Setzung schliesst die andere aus; ihre Verbindung bleibt ein Mysterium. Ist in der Aussenwelt die unveränderliche metaphysische Existenz zu suchen, dann fragt es sich, warum der sinnenmässigen Auffassung derselben bloss die variablen Phänomene sich offenbaren. Ist sie im Subjekt selber enthalten, das seine Kategorien auf diese überträgt, so bleibt das Verhältnis von Subjekt und Objekt, die Möglichkeit einer Verbindung derartiger widersprechender Bestimmungen ein Problem, an dem die scharfsinnigste Spekulation ihre Schranken findet.

Hier ist es mir aber weniger um eine philosophische Erörterung der strittigen Momente zu tun, als um den Profit, den die empirische Psychologie daraus ziehen kann, wenn sie den sich daran knüpfenden Detailfragen ihr Augenmerk zukehrt. Sie hat es bisher verabsäumt, an den Quellen der Erkenntnistheorie sich Rat zu holen. Mit Recht, wenn sie auf diese Art unbefangen bleiben wollte; mit Unrecht, wenn sich dieses Bestreben nach Unbefangenheit auch gegen die fruchtbaren Einwirkungen jener Sphäre abschloss. Von den hier angeregten Problemen, die sich nicht mit der metaphysischen Ableitung der Zeit befassen, sondern mit den verschiedenen psychologischen Reaktionen der verschiedenen Individuen auf das Moment der Zeit, kann eine tiefergreifende differenzielle Individualpsychologie nicht absehen, sobald sie nach festen Massstäben strebt, um die unendliche Differenziertheit der einzelnen Menschen auf bestimmte Grundformen zu reduzieren. Dies ist umso wichtiger, als das Schicksal der Kulturgeschichte von der Vollkommenheit und Reife der hier gewonnenen Erkenntnisse abhängt. Bloss dann kann man erwarten, eine erschöpfende und wahre Bestimmung der wirkenden Kräfte des historischen Werdens zu geben, wenn man aus den psychologischen Dispositionen des Menschen selber das Kulturproblem entwickelt und so ein objektives Mass für die Beurteilung der wirkenden Kräfte erhält.

III. Historische und elementare Menschen

In dem Begriff der Zeit fanden wir zwei entgegengesetzte Momente, die sich schon bei oberflächlicherer Analyse ergaben und, ohne metaphysisch überspannt zu werden, weder für sich, noch in ihrer Wechselbeziehung und Vereinigung zu begreifen waren, das Moment der Dauer und das Moment der Veränderung. So wenig beide aus ihrer Gemeinschaft isoliert werden können, diese logische Beziehung kann man insofern psychologisch nicht aufrecht erhalten wollen, als in dem seelischen und geistigen Leben der Menschen wechselnd der eine oder andere die Hauptrolle spielt. Es gibt Individuen, denen in der Auffassung des zeitlichen Geschehens besonders das Ruhende zur Abhebung gelangt und es gibt andere, denen auch die Ruhe nichts ist als gleichsam eine spezielle Form der Veränderung. So kann man das Widerspiel der heraklitischen und eleatischen Anschauung auch im praktischen Leben verwirklicht finden. Die meisten Menschen freilich reflecktieren viel weniger auf die Zeit selber, die formale Bedingung alles Seins, als auf ihre materielle Erfüllung, auf das, was entsteht, besteht, wechselt und vergeht, und es ist daher desto schwerer, ihre psychologische Zeitauffassung zu beleuchten. Aber an ihnen, überhaupt an der breiten Mittelschicht und an denen, deren geistiges Wachstum nicht einmal das bescheidene Normalmass erreicht, ist uns hier weniger gelegen, wo bloss die intellektuelle Physiognomie der Hochgeborenen geprüft werden soll.

Man muss bereits eine bestimmte Stufe erklommen haben, um überhaupt dem Begriff der Zeit und des zeitlichen Geschehens gegenüber ein, wenn man es so nennen darf, persönliches Verhältnis zu haben. Dem gewöhnlichen Menschen kommt neben dem „Was", dem Inhalt eines Erlebnisses, das „Wie" kaum zur Abhebung. So sind alle jene Augenblicksnaturen geartet, die jedem auf sie einstürmenden Ereignis, sofern es nur hinreichend den ganzen verfügbaren Vorrat an sinnlicher und geistiger Aufmerksamkeit in Anspruch nehmen kann, die volle Front ihrer intellektuellen Auffassung zukehren, deren individuelles Sein sich in der unausgesetzten Reaktion auf die Vorgänge der engeren und weiteren Umgebung erschöpft.

Man kann nicht einmal sagen, dass diesen Menschen der Augenblick, die Gegenwart, alles ist oder weit erhaben über Vergangenheit und Zukunft. Das würde bereits die bewusste Wirksamkeit eines wählenden Willens voraussetzen, der in planmässiger

Reflexion die diversen Möglichkeiten durchginge, um sich bleibend für die ihm am nächsten gelegene zu entscheiden. Die Augenblicksnaturen aber wählen und wollen nicht die Gegenwart, sondern sie werden bloss durch sie vollständig bestimmt. Die Dignität des abstrakten, über das Erlebte hinausgreifenden Zeitbewusstseins tritt ihnen nicht mehr vor Augen, und es ist deshalb nicht das eine Zeitelement, dem sie vor den anderen den Vorzug geben, sondern es tritt die Gegenwart bloss deshalb in ihre Rechte, weil ihre grellere Färbung die matteren Töne des in ihrem Gedächtnis als Erinnerung Persistierenden und der Antizipation künftigen Geschehens schattenhaft in den Hintergrund treten lässt. Die Individuen des Augenblicks kommen also für unsere gegenwärtige Betrachtung gar nicht in Erwähnung. Sie, die unvermögend sind, Werte zu schaffen, weil sie nicht nach Werten streben, die bloss zäh an Werten festhalten können, welche andere ins Leben gerufen haben, und wegen dieser Erhaltungszähigkeit dem borniertem Verstande als Wertschöpfer gelten, lassen wir beiseite.

Es finden sich aber unter den Grossen und den Grössten der Menschheit die weitesten und folgenschwersten Differenzen im Hinblick auf die Auffassung der Wirklichkeit und deshalb auf das theoretische und praktische Verhalten zu derselben, von dem der Gang der menschlichen Entwicklung im weiteren Masse abhängig ist, als mancher statistische Kleinigkeitskrämer glaubt, der mit arithmetischen Experimenten der leidenden und strebenden Menschheit mit untrüglicher Sicherheit das Horoskop stellen will. Ich brauche dazu bloss an ganz elementare seelische Funktionen, die auch der vulgären Psychologie geläufig sind, anzuknüpfen und darf mir vollkommen die undankbare Mühsal eigener Definitionen und Klassifikationen ersparen.

Die Aufmerksamkeit und das Gedächtnis sind die Elemente, die ich zu verwenden habe. Das Gedächtnisvermögen braucht hier nicht in seiner Tragweite hervorgehoben zu werden. Recht charakteristisch nennt es Hering eine allgemeine Grundeigenschaft der organischen Materie, also wenn man auf das Psychologische Bezug nimmt, das Urphänomen des inneren Lebens. Was auf der physischen Seite die Fähigkeit der Vererbung, die Übertragung erworbener Eigenschaften auf die folgende Generation, bedeutet, das ist das Gedächtnis für die intellektuelle Existenz derselben. Durch seine Funktionen kommt Kontinuität in unser Dasein, ohne dieselben gäbe es keinerlei sinnliche noch auch eine geistige Wirklichkeit, oder diese zerfiele nach jedem Augenblick in ihre Elemente und büsste so ihren Wirklichkeitscharakter ein. Erfahrung ist kondensierte Erinnerung. Die feste Existenz sowohl des Subjektes als auch des Objektes entsteht durch die fortwährende unsichtbare Verbindung der Vergangenheit mit der Gegenwart. Sonst existierte nur ein chaotisches Wirrnis durcheinanderflutender Phänomene, die sich um kein Zentrum scharten und, dem kosmischen Urnebel vergleichbar, sich in formlose Schemen verflüchtigen würden. Das eigentlich Charakteristische ist aber, dass Vergangenheit und Gegenwart nicht bloss mechanisch untereinander verknüpft werden, indem sie gelegentlich assoziiert sind, sondern eine sozusagen chemische Verbindung eingehen, dass alle Phänomene in ihrer gegenwärtigen Existenz durch die früheren Vorgänge mitbestimmt sind, dass sie diese gleichsam erneuern, in sich selber fortleben lassen und neben ihrem eigenen Idiom die Sprache der Vergangenheit reden. Das Gedächtnis, das derart Gewesenes und Seiendes verschmilzt, lässt es auch wieder umso klarer auseinandertreten. Neben ihrer Existenz in der Gegenwart führt die Vergangenheit nunmehr eine Existenz ausserhalb derselben. Und je reicher das Gedächtnis an diesen Inhalten ist, die der Vergangenheit angehören, desto reicher gegliedert ist das unmittelbare Anschauungsbild, das an die flüchtige Gegenwart gebunden bleibt. Die Menschen, die von Sekunde zu Sekunde leben, haben daher nur eine verschwommene Auffassung der sinnlichen Wirklichkeit. Die Menschen, die bloss sinnlich sind, können nicht einmal die Sinnlichkeit erreichen.

Die anderen, deren Erinnerungsvermögen kräftiger ist und nicht unter der Wucht des Alltags verkümmert, übersehen nicht das handgreiflich vor ihnen Liegende, wie der vulgäre Unverstand bisweilen glaubt, sondern im Gegenteil, sie sind genauer über ihre Umgebung orientiert als die Individuen, die von Augenblick zu Augenblick vegetieren.*) Es besteht trotzdem ein weitgehender Unterschied zwischen den innerhalb bestimmter Grenzen aneinandergebundenen, sonst aber isoliert zu haltenden Funktionen des Gedächtnisses. Dieser Unterschied ist besonders belangreich für die Elementarformen der Genialität, die in der Entfaltung der Menschheit

---

*) Dieses Phänomen, die Einbeziehung des Vergangenen in das Gegenwärtige, seine organische Einverleibung in die Anschauung des Augenblickes, ist in der modernen Psychologie auch sonst zur Sprache gekommen. So ist der von Wundt geschaffene Begriff der Assimilation wohl geeignet, gegenüber der älteren Assoziationspsychologie, die mechanisch die einander succedierenden Elemente verband, dieses lebendige Fortwirken des Gedächtnisschatzes im konkreten Erlebnisse zur Darstellung zu bringen.

sich als die leitenden Kräfte enthüllen. Er bezieht sich auf eine dominierende Tendenz aller psychischen und intellektuellen Eigenschaften.

Es gibt Menschen, die, obwohl mit der vollendetsten Fähigkeit begabt, die Vergangenheit in ihren sämtlichen Dimensionen zu überschauen, doch ganz der Gegenwart zugekehrt sind. Sie tendieren überall und immer nach dem Heute. Man wird besonders an aktive Naturen denken, aber, wie gezeigt werden soll, bloss teilweise mit Berechtigung. Es spricht ohne Zweifel einiges dafür. Die Handlung fordert immer das physische und ethische Gleichgewicht, die vollkommenste Sicherheit in jeder Bewegung, die dem Vorhaben dient. Dieses Vermögen, das nicht etwa bloss andauernde Übung voraussetzt, sondern angeboren sein muss, würde sich wenig mit der uneingeschränkten Hingabe an die Erinnerung vertragen, die hier bloss Mittel zum Zweck wird und für einen konkreten Zweck ihrem ganzen Inhalt nach aufgebraucht wird. Derartige Menschen sind zwar nicht in ihrem Geistesleben, wohl aber in der Entfaltung der Kräfte an den Augenblick gebunden und von diesem abhängig. Die Innervation muss zur rechten Stunde vor sich gehen. Sonst leiden sie Schiffbruch und das Beste ihres Wirkens ist unwiederbringlich verloren. So weit sie auch die Vergangenheit in Gedanken und Träumen durchmessen, es fliesst der ganze Inhalt ihres Daseins in das Reservoir der Gegenwart. Dieser kehren alle ihre Gedankenzüge, sie mögen noch so sehr von Erinnerungsbildern geschwängert sein, ihre Front zu. Ihnen kommt die Zeitauffassung daher allgemein in der Form der Dauer zur Geltung. Denn sie haben nur die ruhenden Gegenwarten, und gehen auf in dem Erleben der Gegenwarten. Die Vergangenheit ist in ihnen bloss latent, als potentielle Kraft lebendig. Sie wird erst aktuell durch den starken Zug des Moments, im rauschenden Strom der Gegenwart.

Die anderen Menschen sind diejenigen, denen die Reproduktion des Vergangenen mehr ist, als ein ruhendes Kapital, dass ausser Verbindung mit den Aufgaben des realen Lebens nicht verwertbar ist. Ihnen ist die Erinnerung, man kann wohl sagen, Selbstzweck, der natürliche Gang ihres Denkens und Fühlens führt sie immer von neuem den Bildern der Vergangenheit zu. Ich denke nicht an die Invaliden des täglichen Lebens, die aus Unfähigkeit, sich vorwärts zu bewegen, mit Vorliebe bei dem verweilen, was vorzeiten war und längst zu sein aufgehört hat. Das triviale Bedürfnis der physischen und geistigen Senilität, hinter das zurückzusehen, was im Mittagsglanz der Realität vor ihnen liegt, hat keinerlei Beziehung zu dem hier in Rede stehenden Phänomen. Es ist vielmehr der Drang, alles Gegebene auf das Frühere zu beziehen und in dieser Funktion des Vergleichens erst den Vorgang der sinnlichen Perception zur Vollendung zu bringen, gleichsam nichts als objektiv existent anzuerkennen, das nicht seinem wesentlichen Inhalt nach an der Vergangenheit bestimmt worden. Diesen Individuen erscheint die Zeit als das rastlos sich Ändernde. Denn sie suchen in der Vergangenheit nach dem konstanten und festen Masstabe, leiden also darunter, nicht in unmittelbarer Anschauung des Seins zur Ruhe zu kommen.

Die an erster Stelle charakterisierten Menschen kann man die elementaren, die an zweiter Stelle charakterisierten die historischen Menschen nennen. Obwohl diese Gliederung besonders darauf angelegt ist, die hervorragenden Genialitäten und Kulturträger in ihrer psychologischen und geistigen Eigenart zu erfassen, mag sie sich auch als rein zweckmässiges Schema für den normalen Mittelstand erweisen, wenigstens dort, wo auch die Veranlagung der Dutzendmenschen an die oberen Regionen streift und uns ein dauerndes Interesse abzunötigen vermag. Die Extreme sind hier wohl bloss Produkte der Abstraktion. Rein historische Menschen gibt es in Wirklichkeit ebensowenig als rein elementare Naturen. Jede Gegenwart knüpft an eine Vergangenheit an und jede Rezeption des Vergangenen wird durch die in der gedrängten Gegenwart sich abspielenden Vorgänge angeregt. Dem einen und dem anderen Pole aber nähern sich manche Menschen auf eine Distanz an, die man, besonders solange man selber aus grösserer Entfernung die Beobachtung anstellt, beinahe als verschwindend klein beurteilen kann.

Der damit zur Geltung erhobene Einteilungsgrund ist nach meinem Dafürhalten weit geeigneter, das wahre Wesen der in ihrem äusseren intellektuellen und moralischen Habitus so vielfach wechselnden, in ihren psychischen Hauptzügen aber weit einfacher angelegten Individualitäten zu erklären, als die veraltete und fast völlig versagende Tetrachotomie, die aus den vier Bausteinen der phlegmatischen, cholerischen, sanguinischen und melancholischen Temperamente das Fundament zu einer umfassenden und abschliessenden psychologischen Erkenntnis legen will. Da dreht sich das ganze Interesse um blosse Färbungen der Laune, nicht um die immer wiederkehrenden Leitmotive des geistigen Lebens, die charakteristischsten Tendenzen der Seele. Am wenigsten leistungsfähig zeigen sie sich, wenn man an ihnen entlang gehend das Wesen genialer Menschen analysieren wollte. Man kommt dabei auf die analogen Trivialitäten hinaus, auf die der hergebrachte Parallelismus der Jahreszeiten und der Menschenalter hinaussteuert. Was auf diese Art gewonnen wird, sind nur accidentielle Zugaben, der Kern des Innern bleibt davon vollkommen unberührt. Daher wird man das Genie, bei dem alles aus einem Guss ist, und das, was bei anderen minder veranlagten Individuen oft tief verborgen ruht, sich in greifbarer Plastik der Aussenwelt manifestiert, mit keinerlei Mitteln begreifen, die eben mühselig zum Oberflächenverständnis der Alltagsnaturen ausreichen. Es ist aber ein ganz verkehrtes Vorgehen einer die tiefsten Zwecke des Kulturproblems durchaus verkennenden Vulgärpsychologie, aus den Seelenatomen, die der Betrachtung dieser Durchschnittsmenschen entnommen sind, die schöpferische und spontane Genialität durch weitläufige Kombinationen und Permutationen erkünsteln zu wollen, mit einem Wort, den niedrigeren Menschen als Mass für die Beurteilung des höheren zu verwenden. Die mechanische Häufung vieler Elemente erzeugt bloss einen komplizierten Apparat, der äusserst schwerfällig funktioniert, jedem anderen Gegenstande aber eher ähnlich sieht als dem genialen Individuum. Geht man jedoch nunmehr von diesem aus, so setzt man sich freilich der Gefahr aus, den Kontakt mit der Menge zu verlieren, aber es lockert sich wirklich doch bloss das äussere Band, das die landläufigen Vertreter der Kulturhistorie mit ganzer Kraft befestigen wollen. Der innere Zusammenhang, der die Seelen aneinander knüpft, wird lebendiger. Denn dies ist der fruchtbare Nerv dieser Methode, dass sie nicht bloss erlaubt, die überragenden Grössen der Menschheit einer viel verheissenden Untersuchung zu unterziehen, sondern auch von hier aus den Abstieg zu den breiten Mittelschichten getrost und mit Aussicht auf guten Erfolg wagen darf. Denn das eigentlich Fundamentale für jeden Charakter, nicht bloss für den höheren, ist das, was sich gleichzeitig als der erzeugende Faktor der Genialität enthüllt.

Es kam mir also zunächst darauf an, die Grenze zwischen dem gewöhnlichen Menschen und dem Genie zu ziehen, sodass ein Hinüber und Herüber in der Art der landläufigen Begriffsverwirrung, die hier besonders verheerend wirkt, nicht mehr möglich ist. Als das unterscheidende Moment erwies sich vor allem die zeitliche Auffassung, soweit sie in eine diskrete Punktenmenge auseinanderfiel oder ein Ereignis organisch an die andern gliederte, soweit sie also die Vergangenheit beiseite warf oder in die Zukunft mit hinüber nahm. Schon damit war eine bedeutsame Erkenntnis gewonnen, die für den Begriff der Persönlichkeit, noch mehr des Genies sich konstitutiv erwiesen hat. Aber jenseits der Grenze, im Bereiche der höheren Individuen, herrscht keinerlei Einförmigkeit in Geist und Charakter. Diese Einsicht bahnte die zweite Einteilung an, die der historischen und elementaren Naturen. Sie haben beide Vergangenheit, aber jene ausserhalb, diese bloss in der Gegenwart.

Die Terminologie soll im Hinblick auf das Historische nicht zu verhängnisvollen Irrtümern Anlass geben. Sie soll besonders auf den Ursprung des historischen, nach unserer Darstellung zugleich des Kulturproblems, aus dem Geiste so veranlagter Menschen anspielen. Der durch die einseitige Betonung der Naturforschung in keiner Art zu eliminierende Wert der Historie für die Menschheit zieht seine Nahrung aus der früher dargelegten psychologischen Disposition, sich als eins zu erkennen mit dem, was man ehedem war, und mit dem, was man innerlich und äusserlich erlebt hat.

IV. Das Kulturproblem; sein Verhältnis zum metaphysischen Problem

Schon öfters, besonders im Vorigen, gelegentlich meiner charakterologischen Erörterungen, habe ich an das Kulturproblem gerührt. Es tritt die Frage immer näher, was in diesem Problem liege und in was für einer Beziehung es zu den verschiedenen seelischen und geistigen Veranlagungen stehe. Vor allem muss man sich über den Ausgangsort im klaren sein. Der methodische Zusammenhang ist hier überhaupt das Wichtige und nicht die Definition des Begriffes der Kultur.

Die Kultur ist, wenigstens auf einer höheren Stufe des geistigen Fortschrittes, ein Zweckprinzip und nicht ein mechanisches Nebenergebnis sinnloser Triebhandlungen, die zufällig einmal auch einen höheren Erfolg zutage fördern. Darum kann man nicht einfach aufs Geratewohl empirische Daten zusammenraffen und auf diese Art zum Verständnis des berührten Problems zu gelangen hoffen. Das ist eine Illusion, die zeitweilig den nüchternen Forscherinstinkten schmeicheln mag, aber sich bitter an ihnen, die die Grenzen ihrer Fähigkeiten so weit sich zu überschreiten getrauten, rächen muss. Historische Fakta, sie mögen noch so kunstvoll gegliedert und in ein übersichtliches System gebracht werden, worin auch neben der zeitlichen Succession ihr kausaler Zusammenhang, wenigstens in weiteren Umrissen, erkennbar bleibt, tragen noch nicht den Masstab zu ihrer Beurteilung in sich und geben darum nicht einmal die Elemente einer Kulturgeschichte. Diese verlangt nicht, dass der Begriff der Kultur aus den historischen Evolutionen konstruiert werde, sondern dass diese selber auf feststehende Kategorien des Kulturbegriffes bezogen werden. Die Kultur gilt als der oberste Zweck des Geschehens, und dieser kann nicht in dem mechanischen Gefüge der Ereignisse selber enthalten sein, sondern setzt ausserhalb dieser die urteilende Kraft des Geistes voraus, der wohl auf das Historische reflektiert, nicht aber im Historischen aufgehen darf. Aus diesem würden sich höchstens Partialzwecke ergeben, aber nicht eine geschlossene Einheit der Zwecke, die nicht weiter subsumierbar ist. Die Kritik des Evolutionismus in seiner Anwendung auf die Ethik erneuert sich in seiner Anwendung auf die Kultur, wie der Fehler hier und dort der gleiche ist. Man kann sich daher auf das Frühere beziehen. Wie jede Evolution darum noch nicht gut ist, weil sie eine Evolution ist, sondern ihre sittliche Wertung einen ausserhalb liegenden Massstab voraussetzt, so ist der Begriff der Evolution auch nicht identisch mit dem Begriff der Kultur, da dieser die unzähligen Entwicklungsmöglichkeiten von vornherein auf ganz bestimmte Zwecke einschränkt. Er wird nicht an dem Historischen, sondern an ihm wird alles Historische gemessen. Daher muss man auf bloss empirische und eine lediglich relative Geltung beanspruchende Ableitung Verzicht leisten, um den Wert der Kulturen an dem Wert der Kultur überhaupt zu bestimmen.

Mit blossen Beschreibungen, mit mikroskopischen und makroskopischen Zergliederungen und einer ins fernste Detail gehenden exakten Analyse des Vorgefundenen kommt man nicht weiter als zur Erkenntnis dessen, was ist, nicht aber dessen, was werden soll. Man steht dann wohl mit festeren Füssen im Boden der Gegenwart, greift aber nicht vorausschauend in das Gebiet der Zukunft. Allein die Kultur ist keine Entdeckung, sondern eine Schöpfung. Sie verlangt nicht ein passives Zusehen, sondern eine aktive Zwecksetzung. Sie existiert nicht für den Menschen, sondern durch den Menschen. Und sie kann es nur dann, wenn sie zuvor irgendwie als Keimform im Menschen liegt.

Was sie demnach im Menschen sei und wie sie aus dem Menschen werden könne, ist eben die Frage. Sie ist innerlich: wäre sie es nicht, so käme sie auch nicht nach aussen. Sie muss aber nach aussen kommen, denn ohne die wirkende Kraft des Willens, ohne die organisierenden Funktionen des Geistes gibt es keine Kultur. Der Kulturmensch ist der handelnde Mensch. Allein der Begriff des Handelns ist biegsam und in seinen Falten verbergen sich arge Zweideutigkeiten. Handeln heisst für viele: nicht denken wollen, und bloss für die wenigen Auserlesenen ist die Handlung die bewusste Gestaltung des Gedankens, die Kraft des

Gedankens, in die lebendige Erscheinung zu treten. Die Menschen, die die Kultur suchen, sind aber die Auserlesenen. Und nur dort ist Kultur, wo man sie sucht. Das Handeln in diesem Sinne setzt also das Gedachthaben bereits notwendig voraus. Die Idee will zur Handlung. Eine Trennung der beiden gibt es nicht, ebensowenig in abstracto als in concreto. Dass sie verbunden sind, ist im Gegenteile die erste Voraussetzung für ihr Gedeihen und ihre Entfaltung. Die Handlung als objektivierte Idee und die Idee als Direktive der Handlung: das sind die Grundpfeiler und Tragbalken der Kultur.

Damit ist die einseitige, aber praktisch und theoretisch vielfach vorwaltende Anschauung widerlegt, als handle es sich bloss um die Darstellung nach aussen, bloss um die Aktion, bloss um das Schauspiel, das, man weiss selber nicht, zu was für einem Zwecke, von der Menschheit insceniert wird. Die effektvolle Gruppierung der Personen und Ereignisse ist dieser Auffassung alles; nichts der geheime Grund der Ereignisse, nichts, was die Personen psychologisch für sie vorbereitet. Hinter die Coulissen sieht diese Auffassung überhaupt nicht, es genügen ihr der theatralische Schein und die belebten Vordergründe. Ihre Menschen sind Masken, oder, was noch ärger, Marionetten. Sie haben es verlernt, vor dem Handeln sich selber und ihr Wollen in die Wagschale zu werfen. Sie wägen überhaupt nicht mehr. Sie accomodieren sich bloss einem festgelegten Kulturplan, mit dem sie innerlich keinerlei Fühlung gewonnen haben. Für Seele ist kein Raum mehr, sondern bloss für Knochengerüste und Muskel.

Eine inscenierte Kultur aber, eine Kultur für das Auge, die keine Seele hat und kein inneres Keimleben, ist eine leere Fiktion, sie mag so kunstvoll und blendend sein, wie immer. Sie entwickelt sich aus mechanischen und nicht aus psychologischen Voraussetzungen. Darum ist sie der Menschheit fremd und äusserlich. Sie scheint ein Luxusobjekt, das wohl in gemässigten Klimaten sich mit einstellen mag, im übrigen aber kommt und geht, ohne dass es ein Mittel gäbe, sie dauernd festzuhalten. Denn der mechanische Ablauf des Geschehens regelt sich ohne den Zutritt des Menschen von selber, der Geist vermag ihn getreulich zu reproduzieren, nicht belebend einzugreifen. So steht es um die Kultur, die Zufall geworden, weil das Material des Handelns, an das man sich bindet, zufälliger Natur ist. Damit wendet sich das Problem scheinbar ins Paradoxe. Der Mensch, der bloss handelt, ist nicht der Schöpfer, sondern der Zuschauer der Kultur. Seine Kraft ist in ihr gebunden, wird nicht in ihr frei.

Denn er hat sie nicht in sich als Freiheit des Gedankens und des Willens. So wird er ein Knecht der Materie, die ihm die Kultur spenden soll.

Die Handlung ist also nicht Kultur. Sie ist nicht einmal ein Mittel, um zu ihr zu gelangen, sondern selber schon in ihrer zweckmässigen Bestimmtheit eine Folge geistiger Kultur, die sich nunmehr in sinnliche Realität umsetzt. Dieser Umsatz ist allerdings unvermeidlich, aber er darf nicht zur Voraussetzung der Kultur selber umgedeutet werden. Die technischen, staatlichen und sozialen Organisationen sind Projektionsformen dieses einen, unteilbaren, in sich geschlossenen Kulturgedankens auf die Aussenwelt. Aber, um es nochmals zu wiederholen: das Organ darf nicht mit dem Symbol verwechselt werden, die Technik nicht mit der Idee. Man denke sich die weitgehendste Differenzierung und dabei die strengste Einheitlichkeit in allen Institutionen, auf die das Gesellschaftsleben sich gründet, so ist doch keine Kultur, nicht einmal eine Spur davon, vorhanden, wenn die einzelnen Mitglieder bloss sich mit verteilten Rollen der Aufgabe unterziehen, die Maschine in Gang zu bringen oder sie in Gang zu erhalten. Wie vielmehr der allerdings nicht mit fremden etwa teleologischen Elementen zu durchsetzende natürliche, kausale Mechanismus einem Newton wieder selbst als Emanation eines göttlichen, geistigen Waltens gelten konnte, so ist die Kulturmaschine nur der Widerschein und nicht der höchste Zweck der Kulturidee. Sie ist der Gehorsam gegen den Willen des Geistes. Aber der Gehorsam ist bloss der Vollstrecker. Er vermag keine Werte zu schaffen.

Es ist also durchaus irrig, in die Arbeit das Wesen der Kultur zu setzen. Auch die völlig harmonische Übereinstimmung der einzelnen Teilhaber in ihrer solidarischen Vereinigung zur Gesamtleistung ist ein an sich indifferentes Moment, wenn diese Harmonie nicht von einem höheren Gedanken getragen wird. Alle Schöpfungen der Industrie und Technik im weitesten Sinne des Wortes sind nicht Selbstzweck, sondern weisen über sich hinaus. Es wäre der gröbste Materialismus, diese Wahrheit ausser acht zu lassen. Es lohnt sich wohl, das in einer Zeit zu betonen, die nahe daran ist, sich eine so bedeutsame Erkenntnis entgehen zu lassen. Was vermag aber, in summa, die Kulturmaschine — man weiss nunmehr, was darunter zu verstehen ist — für die Menschheit zu leisten? Sie vermehrt ihre sinnlichen Bedürfnisse; aber auch die Sinnlichkeit muss von den Quellen des Geistes gespeist und vom Willen des Geistes gelenkt werden.

Sie nähert die Menschen einander und schleift die Gegensätze ab. Ist aber die Annäherung selber Sittlichkeit und verlangt sie nicht einen Zweck oberhalb ihrer, an dem sie sich legitimieren kann? Und ist die Ausgleichung schon an und für sich das höchste Gut, oder entspringt nicht vor allem andern die Frage, worin und wofür die Menschen gleich werden sollen? Telegraphen und Eisenbahnen geben keinerlei Antwort. Sie zeigen stumm auf die Eigner des Geistes. Wehe aber, wenn auch diese schweigen und von ihren stummen Götzen Aufklärung erwarten. Wie die Baalspriester lassen sie ihr Blut zum Opfer; aber über den Wolken bleibt es ewig stille.

Lasst immerhin die drahtlose Telegraphie ihre Wunder verrichten! Wir sind über den Wunderglauben hinausgekommen und bleiben ihm fremd, es sei denn, das Wunder käme anstatt von der Elektrizität wiederum vom Geiste. Das lenkbare Luftschiff bringt den Himmel nicht der Erde näher, es vermag nicht die grosse Sehnsucht darnach zu erfüllen. Aber in dem einen Gedanken, im Fluge die Schwere zu überwinden und ihren Bann zu beugen, liegt mehr Kultur, als in all dem Schraubenwerk, das diesem Gedanken zum Leben verhilft.

Kultur heisst: sich kultivieren. Ganz im Geist der früher entwickelten Anschauung, wonach nicht im dreidimensionalen Raum die Kultur gesucht werden konnte, sondern im werterzeugenden Intellekte, der seinen Masstab schafft und mitteilt. Man muss die Kultur in sich aufnehmen, sich nach allen Richtungen psychologisch von ihr bestimmen lassen. Es ist ein Vorgang, der in der Innenwelt und Aussenwelt nicht seinesgleichen hat. Die ganze Seele muss von der Kulturidee ergriffen werden und gleichmässig in allen ihren Teilen die weitgehendste Wandlung erfahren.

Eine Behandlung, die dem Kulturproblem gerecht werden will, hat den Menschen zu betrachten in der weitesten Weite seiner Perspektiven, nach den Grenzen seines Könnens im Reiche der Erkenntnis und im Reiche des Willens. Es liegt ohnedem klar auf der Hand. Die Kultur will so weit, als der Mensch — kann. Ein Weiter-Können allein wäre Lüge und Trägheit; ein Weiter-Wollen die Tragödie der Menschheit.

Das Problem der Kultur ist ein Grenzproblem, es hat darum in erster Reihe die Stellung des Menschen im Universum, die Grenzen seiner Fähigkeiten und die Zwecke seines Strebens zu erwägen und dergestalt den denkenden und wollenden Menschen in seinem tiefsten Kern zu erfassen. Damit rührt es freilich überall an das Problem der Metaphysik. Aber es wäre auch ganz unverständig, diesem hier gewaltsam entgehen zu wollen. Selbst wenn man von vornherein mit grundsätzlicher Fernhaltung jedweden fremden Elementes eine streng immanente Weltanschauung vertritt und alle Versuche, über den Umkreis sinnlicher Daten durch rationalistische Spekulation oder intuitive Erfassung des metaphysischen Seins hinüber zu gelangen, abwehrt, so muss man eben jener radikalen Tendenz zuliebe wenigstens insofern metaphysische Untersuchungen billigen, als sie dazu dienen, die Grenzen der realen und möglichen Erfahrung deutlicher zu ziehen und damit richtig den Standpunkt der exakten und metaphysikfreien Erkenntnis zu fixieren. Die Wirklichkeit der Erfahrung begrenzt sich bloss in der Möglichkeit oder Unmöglichkeit höherer Einsichten. Zum Verständnis seiner Stellung im Kosmos und im Mikrokosmos, zum Bewusstsein seines Wertes und auf demselben Weg zur Ergründung des Kulturproblems vermag bloss der Mensch zu gelangen, der sein geistiges Auge den weitesten Dimensionen zu accomodieren strebt. An dem Erfolg dieses Strebens lernt er dann das Mass seiner Sehstärke und die Grenzen seiner Orientierungsfähigkeiten kennen. Er muss aber über die Grenze hinüber — fragen, ob er Antwort erhält oder nicht, ob er auch gar mit der Zeit des Fragens müde wird, unter allen Umständen ist er um eine Erfahrung, ist er um die grösste Erfahrung reicher geworden.

Das Kulturproblem ist also ein Grenzproblem. Damit es weder in die dürftigen Pfade der Alltagsweisheit, noch ins Bodenlose sinke, wo blosse Utopien und Phantasmen ein problematisches Traumdasein führen, muss es sich selber die Grenzen setzen, an denen es zugleich seine Realität und Idealität begreifen lernt. Aber auch nach einer anderen Seite hin offenbart es sich mit hinreichender Klarheit, dass aller empiristische Sammelfleiss kaum auslangt, um auch bloss das Fundament für eine der Tiefe und Weite des Problems adäquate Behandlung zu legen.

Die Kultur verlangt weiterhin ein System der Wertungen, eine hierarchische Rangordnung logischer, ästhetischer und ethischer Werte. Das Kulturproblem ist somit ein Wertproblem. Es könnten allerdings diese Werte ebenso wie die anderen Erkenntnisse aus der Erfahrung abgeleitet werden, aus der sich etwa annähernd konstante Beziehungen zwischen Lustgefühlen oder Willensregungen und positiven oder negativen Wertungen ergäben. Aber das wäre bloss zufällig und beiläufig. Was die Erfahrung setzt, das kann die Erfahrung auch umwerfen. Es gäbe bloss relative Werte, nicht bloss dem Inhalt nach, was freilich unvermeidlich ist, solange man kritisch vorgeht, sondern auch ihrem Charakter nach. Denn der Wert löst sich auf in die Anerkennung bestimmter zu Recht bestehender Verhältnisse, und diese Anerkennung ist wieder eine rein passive Reaktion auf das objektiv Gegebene, nicht die aktive Setzung und Schöpfung höchster Zwecke, in denen Sollen und Wollen münden. Selbst wenn man diese entnervende Tendenz des reinen Empirismus im Hinblick auf Ästhetik und Ethik gutheisst, so widerstrebt es doch auch dem normalen Verstande, die festen Grundsätze des logischen Denkens dem Zufall preiszugeben und der Erfahrung als ihrer höchsten Instanz zu überantworten. Die Normen, von denen das Bewusstsein überall geleitet wird, können nicht so ohne weiteres in Erkenntnisse von beschränkter oder jedenfalls nicht von absoluter Giltigkeit umgewandelt werden. Der exklusive Empirismus, der an dem Postulat der reinen Beschreibung festhält und die spezielle Methodik der Deskription bloss an der Tendenz der grösstmöglichen Kraftersparnis bestimmt, begrenzt sich also nach oben, nach der Wertseite, wo er das Erkenntnisgebäude sprengen oder seine feste Basis doch unterhöhlen würde. So erweist er sich auch unzulänglich zur tiefen Erörterung des Kulturproblems, das sich immer mehr als das eigentliche Problem der Ethik enthüllt hat und darum der Wertfrage besonders nahe rückt. Die blosse Gruppierung der Phänomene enthält noch keine Werte. Der Mensch, der sich mit der Zuschauerrolle begnügt, hat auf dieselben bereits Verzicht geleistet.

So kommt zweierlei zusammen, um dem metaphysischen Problem seine Dignität zurückzugeben. Einmal will die Menschheit ihre Grenzen erkennen; und darum muss sie zunächst über die Grenzen hinübergreifen. Dann aber will sie sich des Absoluten, wenn nicht als einer an sich seienden Existenz, so doch als untrüglicher, ewiger Direktive, versichern. Einen unzerstörbaren Massstab braucht sie für Denken und Wollen, der die Herrschaft des Zufalles endigt und das Reich der geistigen Notwendigkeit begründet. Für den Menschen, der nach Kultur, das will sagen, nach einem höchsten Zweck des Lebens strebt, ist das eine so erforderlich wie das andere. Er muss seine Fähigkeiten im Geist und im Willen erkennen und den Sinn dieser Fähigkeiten. Die Erkenntnis des Sinnes gründet sich aber auf eine oberste Zwecksetzung, und das ist wiederum die Idee des absoluten Wertes. Die Erkenntnis der Grenze setzt auch die Erkenntnis des Wertes.

Daher existiert auch, ungeachtet aller Einwürfe des empiristischen Dogmatismus, der unermüdlich die edle Tugend der Genügsamkeit kultivieren heisst und der Weisheit, die wie eine Taube spricht, zur Alleinherrschaft helfen will, kein anderes Problem, an dem Geist und Gemüt des Menschen zu so unerreichbarer Höhe sich emporranken könnten, mit dem er gleichsam an das Fundament des äusseren und inneren Lebens rührt, da er von hier aus auch den Weg zu dem historischen und sozialen Problem findet. Dazu muss er freilich auch in der Metaphysik selber frühzeitig die härteste Strenge der Selbstzucht und Entsagung lernen. Das vage Umherschweifen in den üppigen Jagdgründen des Absoluten, das kühne Wolkenwandeln in den Sphären des reinen Denkens führt ins Leere; es verspricht alles und hält nichts. Will man aber in der Metaphysik bloss eine Begrenzung und Begründung der Erfahrung sehen, dann ist der Vorwurf der intellektuellen Überhebung vollkommen ungerechtfertigt.

Für die Kulturhistorie ist also die Idee des höchsten Wertes unerlässlich. Von diesem Ideale ist man wohl noch weit entfernt. Viele Zwecke hat man als objektiv massgebend für das historische Werden angesehen. Wir haben Kulturgeschichten an Stelle der Kulturgeschichte. Denn wir haben Kulturen und noch keine Kultur. Das alles wirkt, wie sich einsehen lässt, auch auf die Beurteilung der Vergangenheit zurück. Sie kann man, da die Zeit bloss in einer Dimension und Richtung vorrückt, natürlich nicht nach Belieben ändern, aber man kann ihren Wert verändern, sobald man an sie differente Massstäbe heranträgt. Die Vergangenheit lebt aber mehr in ihrem Werte als in ihren unmittelbaren Wirkungen fort.

Auch wenn man nun, wie hier, das Kulturproblem nicht seinem Inhalt nach zu ergründen strebt, sondern bloss das methodische Verfahren charakterisiert, das die Möglichkeit dieser Ergründung vorbereitet, bedarf man der Psychologie, um die allgemeinen Beziehungen zwischen der Kultur und dem Individuum zu erforschen. Das Verhältnis von Charakter und Kultur rückt von neuem in den Vordergrund unseres Gesichtsfeldes.

Man mag sich hier der im Vorangehenden gegebenen Einteilung erinnern: es gibt historische und elementare Naturen. Kommt diesen oder jenen der wesentliche, bestimmende Anteil an den entscheidenden geschichtlichen Vorgängen und Wandlungen zu? Daneben ist noch eine weitere Möglichkeit in Diskussion zu bringen. Vielleicht ist auch das Kulturgebäude eine Pyramide, deren Basis die Massen bilden, und deren Schwergewicht sich auf diese verteilt. So wollen es wenigstens die heute in Mode gekommenen Theorien, die dem Individuum die Feindschaft erklärt haben oder es höchstens als Repräsentanten der Menge gelten lassen. Nach ihnen sind es also die Augenblicksmenschen, wie ich sie charakterisierte, die das Heft in den Händen halten. Historische Materialisten, die mit diesem Material den stolzen Bau antiker und moderner Kulturen aufführen wollen, mögen sich nach den Tragbalken umsehen, die es vor dem drohenden Einsturze bewahren und die vielen Lücken sorgfältig vermörteln, wenn der erste kritische Sturmwind nicht das dürftige Gebläse über den Haufen werfen soll. Ihnen obliegt es, aus einer Myriade von Nullen die positiven Grössen hervorzuzaubern und den Nachweis zu erbringen, dass die numerisch allerdings weitaus prävalente Durchschnittsmenschheit, die freilich durch das Milieu, in dem sie aufwächst, determiniert wird und, was das Entscheidende ist, determiniert sein will, sich so weit über ein bloss rezeptives Verhalten erhebt. Ohne Aktivität des Denkens gibt es aber keinen Wert und keine Kultur. Die Parole kann bloss der ausgeben, der imstande ist, ja und nein zu sagen.

Daher bildet eine individualistische Geschichtsauffassung die oberste Voraussetzung unserer weiteren Ausführungen. Nicht das erheben wir zum Problem, von dem der gebietende Ruf ausgeht, um den die vielen Ungenannten sich scharen, ob aus ihrer Mitte selber oder von denen, die das Banner des neuen Geistes entfalten, sondern allein die weitere Frage, die die erstere bereits als im individualistischen Sinn beantwortet voraussetzt, was für massgebende Unterschiede man bei den Wenigen vorfindet und wem von ihnen man die Führerrolle zuerteilen soll.

V. Die historischen und elementaren Naturen in ihrem Verhältnis zum Kulturprobleme

Historische und elementare Naturen sind im Früheren ganz formal abstrakt nach den Verschiedenheiten ihrer Zeitauffassung charakterisiert worden. Beide unterscheiden sich durch das Gleiche von den Augenblicksmenschen; sie haben Kontinuität, und ihr Leben ist mehr als eine blosse Punktensumme. Während aber die elementaren Naturen auch das Material der Vergangenheit für die unmittelbare Anschauung der Gegenwart aufbrauchen, haben die historischen eine Vergangenheit neben der Gegenwart, in bewusster Abhebung von der Gegenwart, sogar im Gegensatze zu ihr.

Diese Differenz ist durchgreifend, sie hat ihre sekundären und tertiären Begleiterscheinungen. Aber sie kann zu leicht missdeutet werden, sobald man sie oberflächlich mit anderen Masstäben zusammenwirft. So scheint es, als ob damit nur die anschaulichen von den begrifflichen Menschen geschieden würden. Daran ist freilich viel, aber doch sicherlich nicht alles. Erstens ist damit das Unbekannte nicht auf ein Bekanntes zurückgeführt, sondern es ist im Gegenteil das Verhältnis der elementaren zu den historischen Menschen, wie es in Beziehung zum Zeitproblem erläutert wurde, klarer als das von Begriff und Anschauung. So wäre es sogar ein Verdienst dieser Einteilung, auch auf ein anderes Problem Licht geworfen zu haben. Dann aber sind die historischen Menschen nicht immer begrifflich, und die elementaren nicht immer anschaulich veranlagt, sofern man dabei an die äussere Anschauung denkt. Denn es gibt auch ein innerlich Elementares, wie etwa verzückte Visionäre durchaus keine historischen, sondern elementare Naturen sind. Sie haben wie die anderen derselben Art vor allem Gegenwart, wenn auch die Gegenwart die rein seelischer Erlebnisse ist. So muss man sich hüten, hier die Grenzen falsch zu ziehen.

Elementare Menschen sind nicht besonders tragisch veranlagt. Denn sie erleben sich immer voll und ganz, ungeteilt, nicht gebrochen im Zeitmedium, sondern in der lebendigen Plastizität der Gegenwart. Sie kommen viel eher zum Genuss, freilich zu einem mehr sinnlichen Genuss ihrer eigenen Person. Sie sind aber empfindlicher gegen Leiden, wenn es ihnen nicht gelingt, auch das Leiden als erregendes Mittel zu benutzen und damit ihr Dasein intensiver zu gestalten. Historische Menschen sind tragisch, denn sie suchen sich in der Vergangenheit und suchen die Vergangenheit in sich. Sie wollen eins sein im Wechsel und Wandern der Zeiten. Sie wollen sich treu bleiben und ihrer Bestimmung. Diese Kontinuität ist ein unerreichtes Ideal. Zwischen Vergangenheit und Gegenwart gibt es immer Lücken und Fugen. Da nistet sich eine trostlose Sehnsucht nach der verlorenen Einheit ein.

Allein diese Sehnsucht ist nie Verzicht und Resignation. Der historische Mensch fühlt sich immer unvollkommen; aber er entsagt nie seinem Glauben an Vollkommenheit. Er will die Vollkommenheit der Persönlichkeit trotz seines Unvermögens und gegen sein Unvermögen: darum und darin ist er heroisch. Denn was ist Heroismus anders, als die Kraft, sich gegen feindselige Verhältnisse behaupten zu können? Und wo wäre der Heroismus grösser als eben da, wo diese Verhältnisse nicht wandelbar sind und der Hoffnung auf heilsame Veränderungen Raum geben, sondern in der Natur des Menschen selber fest wurzeln und unzerstörbar sind, solange der Erdenmensch existiert? Einer heroischen Lebensauffassung ist bloss der historische Charakter fähig und würdig.

Denn er behält gegen das feindliche Walten der Wirklichkeit den Glauben an sich selber.

Der elementare Charakter fühlt sich frei, denn in der Gegenwart liegt die Freiheit und im Willen zum Jetzt: erst der Mensch, der zurückblickt und das übersieht, was hinter ihm ruht, fühlt seine Ketten und den Druck des schweigenden Schicksals. Dass der Mensch determiniert ist, hat der historische Charakter entdeckt. Der elementare weiss sich überall Herr und Sieger. Ihm ist Freiheit die Unmittelbarkeit des Erlebens, dem anderen ist Unfreiheit die Qual des Nicht-mehr-zurück-könnens und des Vorwärts-Müssens, die Qual der zeitlichen Gebundenheit. Dass er nicht über die Zeit als schaffender Geist sich erheben kann, ist sein Schmerz und sein Verhängnis. Auch in die Gegenwart sieht er überall die Schatten der Vergangenheit hineinragen.

Der elementare Mensch ist der Genosse seines Schicksals, der historische Mensch ist der Rebell gegen sein Schicksal.

Unfreiheit ist dämmerndes Schuldbewusstsein. Der verlangt nach Freiheit, der sich gegen die Vergangenheit wehrt; der dünkt sich frei, der an die Gegenwart glaubt. Die Freiheit des einen spricht nicht gegen die Unfreiheit des andern: das Mass ist ein verschiedenes, also auch das Ergebnis. Wer aber nach der Freiheit strebt, der strebt danach, von seiner Schuld frei zu werden. Und er weiss sich schuldig, weil er nicht einer ist in Vergangenheit und Gegenwart, über Vergangenheit und Gegenwart. Die historischen Personen haben das stärkste Sündengefühl. Sie haben das Ideal des Heiligen geschaffen, denn sie haben das Bedürfnis nach Heiligung. Und was damit in engem Zusammenhang steht: sie empfinden allein das volle Bewusstsein ihrer Verantwortlichkeit, den Stolz und das hohe Pathos dieses Bewusstseins. So werden die wiederum ihrer Schuld froh, denn die Erkenntnis der Schuld ermöglicht auch die Erkenntnis ihres Wertes.

Der elementare Mensch geht in der Natur auf, der historische will sich über die Natur erheben. Jener sieht in der Natur gern eine Realität, dieser ein Symbol. Jener ist Monist und glaubt die Einheit des Subjektes mit dem Objekt bereits verwirklicht, dieser spricht immer im Dual, er sieht die Welt uneins, gebrochen, in innerer Entzweiung. Die Unterscheidung der Naturphilosophie von der Philosophie des Geistes zieht aus dieser Gegensätzlichkeit ihre Nahrung. Denn der Geist ist Ungehorsam gegen die Natur, noch mehr, ist Unabhängigkeit von ihr.

Es wurde früher gezeigt, dass die Duplizität der elementaren und historischen Menschen sich nicht mit der von begrifflichen und anschaulichen Naturen deckt; dass die elementaren der gesteigerten Fähigkeit des Begreifens nicht verlustig erklärt werden mussten, während den historischen nicht die Anschauung, die Fähigkeit des Anschauens verkümmert zu werden brauchte. Man fühlt sich vielleicht versucht, die Probe ein zweites Mal zu machen, bloss dass man dem erwähnten und kritisch abgetanen Gegensatz den der handelnden und erkennenden Menschen, substituiert. Aber da sieht es noch schlimmer aus. Es gilt fürs erste der obige Einwand, indem auch hier an Stelle des Bekannten das Unbekanntere gesetzt wird. Denn die Grenzen zwischen beiden Begriffen sind ausserordentlich schwer zu fixieren. Wo nimmt das Handeln seinen Anfang? Im Muskel, im Bewegungsnerv? Muss man mit schwerem Geschütz auffahren, um „gehandelt" zu haben? Ist der Hauch des Geistes wirklich so weit entrückt dem Brettergerüst der landläufigen Historie, dass man im Harnisch einherwandeln muss, um Wirkung zu machen? Es gibt ein Handeln sicherlich auch dort, wo keine äusseren Widerstände im Spiele sind. Auch das Erkennen hat seine Aktivität und seine spontane Entladung. Und Kämpfe gibt es auch dort, wo kein Rauch und keine Staubwolken aufwirbeln. Die Einseitigkeit in der Auffassung des Handelns entspringt einer Verwechslung der Kausalität mit der sicheren Wirkung, einer Verwechslung, die in einer verwerflichen Geringschätzung des Geistes ihren Grund hat.

Ausserdem aber sind es, wenn man auch dem Begriff der Handlung seine vulgäre Bedeutung belässt, nicht notwendig. elementare Menschen, die auf dem äusseren Schauplatz der Geschichte erscheinen. Die historischen Naturen haben auch sinnlich sichtbar in den Gang der grossen Ereignisse auf das nachhaltigste eingegriffen. Man denke an Cromwell; und bringe ihn Napoleon gegenüber. Der historische und der elementare Charakter; Cromwell war historisch veranlagt; das zeigt sein im grossen und ganzen der inneren Läuterung zugewandtes geistiges Interesse und die Art, in der er sich dem Schicksal der Zeit verkettet wusste. Es drängte ihn nicht in den Vordergrund, er war vorwiegend mit sich beschäftigt. Er fühlte sich erst berufen, als die Berufung an ihn erging. Er liess die Gegenwart an sich herankommen, dann erst griff er in die Gegenwart ein. Er handelte von dem Augenblick an, wo das Weltgeschick der Handlung bedurfte. Napoleon war elementar veranlagt. Er hätte nie hinter den Coulissen zu schweigen vermocht. Der Weltgeist war ihm fern; er war freilich das ens realissimum, wie Nietzsche sagt, denn es dürstete ihn bloss nach den Realitäten des Augenblickes. In Gegenwarten entfaltete sich sein Dasein; wenn auch die Entfaltung mächtiger war als die eines anderen Erdgeborenen. Cromwell blieb seiner Bestimmung und Überzeugung treu: die freie Christenheit sollte in England sich siegend erheben. Napoleon war Jakobiner und Cäsar, er wollte nach der Reihe Korsika, Italien und Frankreich dienen. Das ist nicht Gesinnungslosigkeit. Aber es fehlt dem elementaren Menschen das innere Band der Gesinnung. Denn sein Gott ist die Gegenwart und die Idee ihr blosser Schatten. Darum versinkt er ganz im unmittelbaren Sein, für die Realität der Gedanken mangelt es ihm an Organen.

Wie Anschauung und Begriff, so sind also auch Handeln und Erkennen, zu einander in ein kontradiktorisches Verhältnis gesetzt, unvermögend, den Gegensatz der elementaren Naturen und der historischen deutlicher zu illustrieren, als es in unserer charakterologischen Studie geschehen ist. Denn es lag, wie erwähnt, das Wesentliche beim elementaren Menschen nicht eben darin, bloss der Aussenwelt zugeteilt zu sein und mit ihr in unmittelbaren Kontakt zu treten. Auch das innere Erlebnis konnte die Rolle des äusseren übernehmen, und die innere Gegenwart ist dem elementaren Charakter ebenso eigen, wie die äussere. Es kommt eben nicht auf die erschauten Objekte an, auf ihre Zugehörigkeit zur Aussenwelt und Innenwelt, sondern auf die verschiedene Art der Zeitauffassung an: die Vergangenheit war bei den historischen und den elementaren Menschen lebendig, aber in anderem Sinn; bei jenen trat sie ganz in den Dienst der Gegenwart, indem sie ihr lebendigere Farben lieh und sie höher über die Indifferenz der Augenblicksnaturen emporhob, bei diesen blieb sie ausserhalb der Gegenwart, sogar gegen diese gerichtet; denn das Auseinander brachte den zeitlichen Gegensatz zu stärkerer Betonung. Jene stehen der Welt naiv bejahend, diese stehen ihr kritisch gegenüber.*) Den elementaren Menschen ist die Wirklichkeit ein Erlebnis, den historischen Wert.

Man soll demnach nicht dem folgenschweren Irrtum huldigen, der den ganzen hier dargelegten Sachverhalt verdunkeln würde, es wären die historischen Menschen im Gegensatz zu den mit allen ihren Fasern

---

*) In erotischer Beziehung lässt sich mit markanter Deutlichkeit bis ins Detail die Differenz verfolgen. Die elementaren Naturen, sowohl diejenigen, die nach aussen, als auch die, die nach innen elementar sind, also um die klarsten Vertreter zu nennen, Eroberer und Visionäre sind sinnlich, während die historischen sich einer vergeistigten Liebe hingeben. Don Juan ist elementar, der Erotiker Faust ist historisch veranlagt. In pathologischer Beziehung neigen jene zum Sadismus, diese zum Masochismus.

im Leben und Weben der Gegenwart wurzelnden elementaren träumerische Phantasten, die mit halb geöffnetem Auge bloss Reflexe der realen Phänomene auffangen und diese verkümmerten Gebilde der Wirklichkeit sofort dem Schosse der Vergangenheit zuführen. Danach gäbe es bloss Realisten und idealistische Schwärmer, oder wie der populäre Sprachgebrauch es weniger zweideutig und drastischer aussprechen würde, „brauchbare" und „unbrauchbare" Individuen. Diese letzteren könnten höchstens ästhetisch produzieren. In die bildenden Kräfte der menschlichen Entwicklung, die bloss durch den Menschen, der der Gegenwart gehört, bestimmt werde, griffen sie nie nachhaltig und erfolgreich ein. Es leidet aber im Gegenteil der Wirklichkeitssinn der historischen Menschen nicht das mindeste durch ihren Hang zur Vergangenheit. Der berührte, hier im Dienste einer völlig irreführenden Terminologie stehende Gegensatz zwischen Realismus und Idealismus, der in der Ästhetik von sensationshungrigen Neuerern wiederholt unter stürmischer Akklamation proklamiert, eben hier die ärgsten Verheerungen zur Folge hatte, ist unzulänglich und falsch. Ein Idealismus, der die Realität verleugnet und umgeht, kann bloss schwärmen und lügen. Ein Realismus, der aus seinem Reiche die Ideale verbannt, ist doktrinär bornierte Dogmatik. Das Ideal verlangt die Wirklichkeit und die Wirklichkeit verlangt das Ideal.

Ebenso geht das Streben, die Gegenwart im Lichte der Vergangenheit zu verstehen, nicht aus der Tendenz hervor, jene zu negieren und diese einseitig zu bejahen, und nicht aus dem Überwuchern phantastischer Elemente, sondern im Gegenteil aus dem ethischen Drange, der Gegenwart dadurch eine höhere Weihe zu geben, dass man sie an der Vergangenheit deutet, erklärt und klärt. Ihr Verständnis soll geläutert und vertieft, es soll ihr Wert begriffen, eigentlich erst geschaffen werden. Eine Wertung des realen Geschehens ausserhalb seines Zusammenhanges mit der Vergangenheit ist kein mögliches Beginnen. Die voneinander isolierten Zeitatome geben nicht einmal die „Wertatome". Zeitliche Kontinuität, das Organ für zeitliche Kontinuität ist erforderlich für die Schöpfung von Werten. Die aktuelle Wirklichkeit wird damit nicht in ihrer Wichtigkeit verkürzt. Sie wird der Vergangenheit nicht preisgegeben, sondern durch die Vergangenheit erhält sie eine Beziehung zur Ethik.

Auf der anderen Seite sind die elementaren Menschen nicht immer nüchterne und klare Wirklichkeitsnaturen. Neben denen, die der Aussenwelt zugekehrt sind, mussten wir vielmehr auch diejenigen hier einreihen, die, wie besonders Visionäre, den inneren Erlebnissen ihre vollen Gemütskräfte zuwenden.

Diese gehen häufig jeder festen Verbindung mit dem realen Leben verlustig.

Politiker, das Wort im weitesten Sinne verstanden und über die benachbarten Sphären des öffentlichen Lebens, Handel und Industrie ausgedehnt, Staatsmänner und Feldherren sind beinahe regelmässig elementare Menschen; ebenso die hervorragendsten Vertreterinnen des weiblichen Geschlechtes, das überhaupt bezeichnenderweise auch am Mann fast ausschliesslich die elementaren Züge bevorzugt.

Die Begabung des Rhetors ist vor allem charakteristisch für den ganzen Umfang der diesem Gebiete zugehörigen Phänomene des individuellen und Völkerlebens. Sie konzentriert die volle Kraft der Darstellung auf den Augenblick, sie stellt sich ganz in den Dienst des Augenblickes, sucht wie möglich die einzelnen Zuhörer von den speziellen Voraussetzungen ihres individuellen und beruflichen Daseins zu isolieren und die natürlichen und gesellschaftlichen Differenzen der Individuen durch die Wahl eines passenden Mittels der gemeinsamen Verständigung auszugleichen. Der Redner darf weder selber durch das historische Element die Kraft der unmittelbaren Inspiration und Darstellung hemmen lassen, noch sollen diejenigen, auf die sein Wort den beabsichtigten Eindruck ausüben muss, in ihrem Denken und Fühlen wesentlich durch frühere Erfahrungen und Erlebnisse bestimmt sein. Der elementare Mensch, namentlich der Rhetor, wirkt nicht auf andere elementare Menschen, sondern allein auf Augenblicksnaturen.

Mit diesen Ergebnissen steht es im vollen Einklang, dass der ganze Apparat des öffentlichen Lebens in allen Sphären dieses Motors bedarf und seiner niemals entraten kann. Der Feldherr, der Diplomat und der Politiker müssen mit der überzeugenden Kraft des Wortes begabt sein, um sich den Erfolg zu sichern, der auch beim planvollsten Vorgehen sonst fraglich bliebe.

In der Mitte zwischen den elementaren und historischen Naturen, diesen aber um ein Beträchtliches näher, stehen die Künstler. Es gibt hier allerdings auf den verschiedenen Gebieten die zahlreichsten Abstufungen. Die bildenden Künste haben an sich einen Hang zum Elementaren, Musik und Poesie zum Historischen. Aber das Ausdrucksmittel, das in dem einen Fall den Gesichtssinn erregt, also drastischer, räumlicher, reicher mit Realität gesättigt ist, während es in dem anderen schon sinnlich weniger die Koexistenz als die Succession und die Einheit in der Succession darstellt und darum zur Zeitauffassung in eine nahe innerliche Beziehung tritt, ist nicht das Entscheidende. Das elementare und historische Moment verbreitet sich vielmehr gleichmässig über alle Gebiete des ästhetischen Schaffens, je nachdem die Kunst darstellend, episch oder symbolisierend, also lyrisch und tragisch ist. Die Epik ist elementar, Lyrismus und Tragik sind historisch. Der Virtuose, der nicht das Genie des Schöpfers, sondern nur die Technik der Reproduktion hat, ist eine Bastardierung des echt Ästhetischen, eine Zerrform der elementaren Veranlagung, die mitunter auch parasitär aus den Erzeugnissen der historischen ihre Nahrung zieht.

Die höchsten Repräsentanten der historischen Menschen sind die Denkergenies, die Schöpfer und treuesten Verwalter der Kulturideen, die die ganze Fülle des sinnlich Vorgefundenen in das Element des abstrakten Denkens erheben und seine weiteren Entwicklungstendenzen intellektuell antizipieren. Sie schaffen in dieser Synthese neue Symbole und Werte. Auf der obersten Stufe stehend, lenken sie dennoch auch die Vorgänge des gesellschaftlichen Lebens, wenn es auch einer Reihe sich gradweise vergröbernder Medien bedarf, um die Emanationen ihres Geistes den Tiefenschichten der sozialen Massen mitzuteilen.

Es repräsentieren nach alledem die elementaren und historischen Naturen gleichsam zwei Projektionsformen des Intellektes und der Seele, die sich wohl nicht in concreto durch völlig klare Grenzen voneinander scheiden lassen, aber in abstracto dennoch so weit divergieren, dass der Zwischenraum das ganze Gebiet des menschlichen Handelns und Wollens umspannt.

Eine ausserordentlich interessante Erscheinung, die vor allem wieder auf das Kulturproblem Licht zu werfen vermag, enthüllt sich einem, wenn man die Beziehung der beiden psychologischen Hauptgruppen nicht mehr zur Vergangenheit, sondern zur Zukunft ins Auge fasst. Es sind nicht die elementaren, vielmehr die historischen Naturen, die ihren geistigen Blick, der so viel kondensierte Vergangenheit in sich aufgenommen hat, am fernsten in die Zukunft wenden. Sie sind es, die am weitesten vorausblicken und das meiste der schweigenden Geheimnisse des Werdens enträtseln. Die Propheten werden nicht auf dem Schlachtfeld und nicht in Wahlversammlungen und Agitationslokalen geboren, sondern auf den erdentrückten Höhen des Geistes; es sind nicht die Menschen, die den Bedürfnissen des Volkes Nahrung geben, sondern die diese Bedürfnisse erst erzeugen, die das Streben nach dem Ideale und seiner Realisierung wecken. Die Zukunft ist eine Schöpfung derer, die die Vergangenheit begriffen haben und die Gegenwart werten können.

Der populären, auch in Hallen der exakten Forschung mit bestem Erfolg kolportierten Auffassung geht das freilich gegen den Strich. Sie hält die elementaren Menschen, die der Handlung im gewöhnlichen Sinne auch zweifellos näher stehen, für die Schöpfer oder die Träger des Kulturgebäudes. Wenn sie auch nicht so weit geht, in ihnen die einzigen bestimmenden Faktoren grosser geistiger Bewegungen zu erblicken, wenn sie auch, wenigstens stillschweigend, das Mitwirken unsichtbarer ideeller Kräfte verlangt, die nicht unmittelbar, sondern durch ein System von Transmissionen auf den Werktagsmechanismus übergreifen, so ist sie darüber keineswegs im Zweifel, dass jede Entwicklung, jeder Fortschritt, also überhaupt jede Kulturleistung von denjenigen ausgeht, die die latente Energie der Massen und Völker für grosse Aktionen in Bewegung setzen, dass mit einem Wort die Politik in der weitesten Bedeutung das Kulturschicksal der Menschheit lenke und erfülle. Selbst wo sie, vorausgesetzt, dass ihr das in Rede stehende Problem so präzis und klar umrandet zum Bewusstsein kommt, zugibt, dass es nicht die Handlung ist, die ein neues Phänomen schöpferisch aus dem Nichts hervorgehen lässt, sondern die Idee, die es denkend erfasst hat, bevor es eine adäquate Form in der Sinnenwelt gefunden, bevor es in der Hand der Menge zu einem sichtbaren und greifbaren Gebilde verdichtet, so hält sie diese ideelle Apriorität dennoch für belanglos gegenüber der stärkeren Macht der Wirklichkeit, und die „blosse" Idee, die der Künstler und Denker nicht sehnsüchtigster Gewalt ins Leben zu ziehen vermag, wird ihr ein Schattenspiel gegenüber den plastisch belebten Vordergründen, in die der handelnde Mensch die unauslöschlichen Züge seines Wollens einzeichnet. So erscheint ihr das begriffliche Denken eher als ein sonst entbehrlicher Luxus für Mussestunden, denn als die leitende Kraft in den grossen Aktionen des Völkerlebens. Der Wert gedanklicher Arbeit schrumpft im selben Masse ein, als dem Schritt von der blossen Möglichkeit zur Wirklichkeit, der freilich nicht in der Sphäre des Denkens vollziehbar ist, die entscheidende Tragweite beigelegt wird.

Im Gegensatz hierzu zeigt die Erfahrung allerwärts, sobald man sie mit unbefangenem Blick und nicht voreingenommen durch doktrinäre, den „Ideologien" von Anfang abholde Interpretationen analysiert, den vorwiegenden Einfluss der historischen Menschen. Feldherren und Politiker, sofern sie nicht wie eben Cromwell mehr waren als das eine und das andere, haben trotz allen fernsichtigen Unternehmungsgeistes und der unerschütterlichen Energie in der Verwirklichung ihrer Pläne, niemals feste Gebilde geschaffen, von derselben Unvergänglichkeit wie die für ihre Schöpfungen vorbildlichen ideellen und idealen Gedankenwelten. Man wird dies damit rechtfertigen wollen, dass man die freie Beweglichkeit der Gedanken vergleichsweise dem spröden Widerstand der Materie entgegensetzt und aus dem ungleichen Verhältnis die nahegelegenen Konsequenzen ableitet. Es bedarf aber dieser Rechtfertigung nicht, denn ich habe keine Anklage erhoben, sondern objektiv einen realen Sachverhalt berührt. Im übrigen ist es nicht diese Notwendigkeit eines grösseren gleichsam muskulären Kraftaufwandes, die die Leistungen des elementaren Menschen, dem durch derlei Fesseln nicht behinderten Denker gegenüber in den Augen der Welt herabsetzen könnte. Die Bevorzugung des historischen Charakters entspringt nicht etwa einem optischen Fehler, der der Korrektur durch das vulgäre Argument, Handeln sei schwerer und wichtiger als Denken, bedürfte. Es ist vielmehr das Bedeutsame, dass die Handlung nicht das Original ist, sondern die Idee, die ihr vorausgeht und die nie in dem Intellekte des elementaren Menschen entsprungen ist. Die Realisierung der Idee ist eigentlich eine Kopie, die mit den lebendigeren Farben der Sinnenwirklichkeit zur Welt spricht. Das, worauf die politischen und kriegerischen Genies ihre ganze Kraft konzentrieren, ist oft das Notwendigste, aber auch Vergänglichste, dahingegen das, was gleichsam als idealer Nebenerfolg ihres Schaffens ins Leben tritt, sie am ehesten überlebt, weil es als erhabene Idee längst konzipiert war, bevor es in die sinnliche Wirklichkeit herabstieg.

Wenn man sich aber auch dieser Erkenntnis entziehen will, den Gedanken in seinem für den ihn erzeugenden Intellekt und die Mitwelt gleich hohen Wert herabsetzt und den elementaren Charakteren den Primat im Hinblick auf die Förderung der Kulturinteressen zuzuerkennen sucht, so bleibt doch selbst dieser Auffassung gegenüber, die auch die umfassendsten Zwecke des Handelns spontan aus dem Willen der handelnden Persönlichkeiten entspringen lässt, ein Argument, an dem sie nicht ohne weiteres vorübergehen darf. Die elementaren Naturen können ihrer ganzen Veranlagung nach bloss Partialzwecke, bloss Gegenwartszwecke anstreben, wenn sie auch umfassendere Zusammenhänge erschauen, ohne sich freilich um deren Ableitung aus ethischen Maximen zu bemühen. Wäre also, der gewöhnlichen Überzeugung entsprechend, die gesamte Kulturarbeit in ihre Hände gelegt, so würden die Werte gemäss der weniger intellektuellen Veranlagung ihrer Schöpfer entweder zu Dogmen entarten, die der blinde Wille und nicht der sehende Geist geprägt hat, oder die Entfaltung der menschlichen Kulturkräfte zerlegt sich in eine Reihe diskreter Aktivitätsatome — man darf den etwas barbarischen, aber sonst zweckdienlichen Ausdruck acceptieren — die unabhängige Sonderexistenzen führten oder vielleicht in einem losen Gewebe ohne einen solideren Zusammenhang verknüpft wären. So ist es denn, auch wenn man dem rein geistigen Schaffen jede Möglichkeit einer Fernwirkung entziehen und aller Erfahrung zuwider bloss den politischen Berührungskräften die Fähigkeit einer schrankenlosen Bestimmung des historischen Werdens zuschreiben will, dennoch notwendig, das Geschehene nachträglich unter weiteren Gesichtspunkten zu interpretieren, und, da es sonst in einem Netz von Zufälligkeiten eingesponnen wäre, es einer festen Gesetzlichkeit unterzuordnen. Der Begriff der Kultur kann daher nicht im Mechanismus isolierter Einzelwirkungen und konkreter Individualzwecke, die eine höchstens relative Allgemeinheit zu beanspruchen vermögen, enthalten sein, sondern verlangt die Aufstellung eines Systems von Werten, aus deren Anordnung sich der Massstab ergibt, nach dem man die einzelnen geschichtlichen Vorgänge beurteilen soll. Selbst wenn also die elementaren Menschen nicht immer und überall im Dienste der historischen, das will sagen, im Dienste einer Idee stünden, so würden sie doch für sie arbeiten, ihnen vorarbeiten, da diese wenigstens nachträglich ihre Handlungen im Rahmen einer höheren Anschauung interpretierten und mit dieser Interpretation einen obersten und nach allen Seiten hin massgebenden Kulturzweck schüfen.

VI. Historie und Wert

Es mag einen wunderlich berühren, dass die psychische Sphäre der elementaren und historischen Menschen so verschieden umgrenzt ist, dass die einen ganz der Gegenwart zugewandt sind und auch diese nicht vollinhaltlich bestimmen, die anderen dafür Vergangenheit, Gegenwart und Zukunft umspannen und als die eigentlichen Schöpfer der Kultur zu betrachten waren. Auch die scheinbar naheliegende Präsumtion, es könnte der grössere Umfang des Zeitgebietes einem kleineren Grad des psychischen Kraftmasses entsprechen, ist unhaltbar und sogar in direktem Widerspruch mit der Wahrheit. Je grösser die Extensität, desto grösser die Intensität. Das nötigt zu einer neuerlichen Vertiefung des Begriffes der historischen Charaktere.

Man darf vor allem nicht an die Historie im hergebrachten Sinn des Wortes denken. Die Geschichtsschreiber sind in den seltensten Ausnahmen nach der von mir begründeten Auffassung historische Naturen. Sie sind nach dem Mass ihres Könnens elementare Menschen oder Augenblicksnaturen. Daher rührt es auch, dass ihre Darstellungen besonders der Politik und der Wirtschaft sich zukehren und entweder Gemälde grossen Stiles liefern, eigentlich eine Reihe von Momentaufnahmen der historischen Entwicklung, die durch die Plastik der Zeichnung und ihr blendendes Kolorit wirken und mehr künstlerisch als logisch zu befriedigen vermögen, oder einen unendlichen Success von Augenblickszuständen, wobei es nicht auf die effektvolle Wiedergabe dieser selbst, sondern auf Geschick und Gründlichkeit bei ihrer richtigen und exakten Aneinanderreihung ankommt. Hier ist es wohl, bei den „Historikern des Augenblicks", wo der Gedanke einer unendlich langsamen, kontinuierlich von Etappe zu Etappe rückenden Evolution Platz greifen und am ehesten Aufnahme finden konnte. Dies mag nachträglich zur Charakteristik des Evolutionismus erwähnt sein.

So kommt man freilich zur Paradoxie, dass die historischen Naturen am wenigsten die Historie kultivieren. Dazu eignen sich vielmehr diejenigen, die die Vergangenheit nicht denkend ausschöpfen, sondern gleichsam als Gegenwart anschauen und erleben wollen. Die Vergangenheit als Wert und die Vergangenheit als Erlebnis, das ist der alte Kontrast, der von neuem auftaucht. Es steht damit vollkommen in Übereinstimmung, dass die moderne Methodologie die Grenze nicht mehr zwischen Natur und Geist, sondern zwischen Anschauung und Begriff zieht und die Historie jener und nicht diesem zuweist. Sie ist episch und nicht symbolisch.

Dies ist aber blos so lange vollgültig, als man blos an Vergangenheit und Gegenwart denken will. Es ändert sich radikal, sobald man auf die Zukunft zu reflektieren beginnt. Die Vergangenheit, an sich betrachtet, ist ein Ganzes einander succedierender Phänomene. Man kann einfach das Nacheinander festhalten, ohne über die reine Reproduktion hinauszukommen. Das ist die historische Epik, die in der Anschauung verweilt und nach weiten sich ins Detail verlierenden Darstellungen drängt. Es sind pragmatische Erörterungen und Chroniken, in denen sich das Spiel der historischen Vorgänge in breiter Ausführlichkeit entfaltet.

Das Merkwürdige der historischen Naturen war aber eben dies, dass sie durch die Antizipation der Zukunft der Vergangenheit eine Deutung verliehen. Eben durch dieses Verhalten zu dem, was werden und kommen soll, ist auch ihre Stellung zur Vergangenheit charakterisiert. Hier aber ändert sich der Aspekt. Das ist nicht mehr blosse Succession indifferenter oder wichtiger Vorgänge, Historie als Epik, sondern eine Wertung derselben von höherem Standorte der denkenden Betrachtung: Historie als Symbol. Von der Geschichte findet man den Übergang zur Philosophie der Geschichte.

Die historischen Menschen sind demnach nicht Historiker, sondern Philosophen der Historie. Sie geben dem Vergangenen einen Begriff und einen Wert, und damit ermöglichen sie es, auch in die Zukunft zu schauen. Der Philosoph will nicht sehen, sondern begreifen. Was dem logischen Historismus Hegels einen so schrankenlosen Einfluss auf mehrere Generationen ermöglichte, war eben die Logik des Historischen, nicht etwa das fleissige Kompilieren und Häufen des geschichtlichen Materials oder die plastische Verwendung desselben, sondern der begriffliche Schematismus, dem jedes Glied als Teilfaktor eingereiht wurde. Er lehrte die Notwendigkeit der Vergangenheit und eröffnete damit Perspektiven in die Zukunft.

Bei der blossen Succession der Phänomene kann also der historische Mensch nicht stehen bleiben. Nicht das ist belangreich für ihn, dass sein Gesichtsfeld die meisten Objekte füllen. Die Objekte weisen über sich hinaus, auf ein Prinzip ihrer Anordnung und Wertung. Der Überblick über die ganze Zeitreihe hat seinen Grund ausserhalb der Zeit.

Man hat den Begriff der historischen Menschen ganz unzulänglich gedeutet, sobald man bloss seinen Umfang berücksichtigt und nicht den Inhalt, das Bestimmende des Inhalts, berücksichtigen will. Es genügt nicht, hier und dort die Grenzen aufzudecken und das begrenzte Zeitgebiet staunend zu durchmessen. Man muss begreifen lernen, warum das Gebiet so weite Dimensionen besitzt. Die Verbindung desjenigen, was gewesen, was ist und was sein wird zu einem organischen Ganzen ist weit mehr als zeitliche Kontinuität, sie ist der empirische Niederschlag einer alle Erlebnisse und Objekte überragenden und ihrer Eigenart unterwerfenden geistigen und psychischen Persönlichkeit, die eben in ihrer individuellen Existenz das Schwergewicht des Seins nicht innerhalb des zeitlichen Geschehens sucht. Sie beherrscht Vergangenheit, Gegenwart und Zukunft, weil sie über Vergangenheit, Gegenwart und Zukunft gleichermassen erhaben ist.

Indem sie nicht gleichsam hungrig nach Wirklichkeit zur unmittelbaren Darstellung ihrer selbst strebt wie der elementare Charakter, sondern sich nach vorwärts und rückwärts gleichmässig verbreitet, zeigt sie, dass sie einen Standpunkt über der Wirklichkeit erworben hat und festhält. Die Kontinuität der Zeit ist die Kontinuität des Individuums oder vielmehr die Erzeugung der Continuität durch die intellektuelle Einheit des Individuums. Der historische Mensch überschaut die Zeit, weil er ausserhalb ihrer einen Wert sucht und einen Wert gewinnt. Die extensive Breite seiner Anschauung entspringt nicht diesen, den phänomenalen Objekten selber, sondern der intensiven Grösse des Individuums.

Der historische Mensch verwirklicht die eingangs definierte Idee der Unsterblichkeit. Er negiert die Zeit als begrenzbares Quantum: und er setzt die Zeit in Vergangenheit, Gegenwart und Zukunft als ein vollendetes Ganzes. Die Zusammenfassung geht nicht innerhalb der Zeit vor sich. Sie ist kein Erlebnis, sondern sie ist ein Begriff, eine Wertung ausserhalb und oberhalb aller Zeit.

VII. Der Konflikt des historischen und elementaren Elementes in Nietzsche

Damit kehren wir im weiten Umweg zur Idee der Unsterblichkeit zurück, die sich als der Kern der Lehre von der ewigen Wiederkunft des Gleichen enthüllte. Ihre Analyse ist bis zu einem Endergebnis geführt worden, dass erst bloss hypothetisch angedeutet, während der späteren Untersuchung aber auch psychologisch deduziert wurde. Es zeigte sich, dass das Streben nach Unsterblichkeit nicht auf eine unbegrenzte Verlängerung des irdischen Daseins drang, noch ein Dasein nach Analogie des empirischen postulierte. Nach einem Standort ausserhalb der Zeit verlangte es und dieser lag in keiner möglichen Anschauung beschlossen, sondern war an einen Wert, der vom schaffenden Geiste in die Phänomene hineingetragen wurde, also nicht ihnen als ursprünglicher Besitz zugehörte, gebunden.

Es war aber psychologisch interessant, als Vorstudie zu einer Psychologie Nietzsches, festzustellen, inwiefern die Auffassung des Problems, wie sie hier entwickelt wurde, durch Geist und Charakter der Individuen mitbedingt und vorbereitet wurde. Die Augenblicksnaturen, die kompakte, siegreiche Majorität, stehen ausserhalb dieser Vorfragen. Wer nicht zu fragen gelernt hat, an den stellt man derlei Fragen ohne Aussicht auf Erfolg.

Die elementaren Naturen rühren auch nur gleichsam von aussen an das Problem, das ihnen noch eigentlich kein Problem ist. Die historischen erst entwickeln es den Voraussetzungen ihres Intellektes entsprechend in seiner ganzen Erhabenheit und Tiefe. Der Drang nach Unsterblichkeit ist vor allem ihnen eigen. Sie fühlen, dass es hier eine Realität gibt und dass sie nicht in einer Reihe steht mit der empirischen. Sie erkennen die neue Realität als unvergleichbar mit der alten. Und eben darum erkennen sie darin ein Problem. Dieses muss man freilich rein halten von den Vergröberungen, die es in den Niederungen des Geistes erhält, wo sich ihm eine Dunstwolke überkommener Dogmen und ererbter Traditionen vorschiebt und der bornierte Verstand bald in Versuchung gerät, äusserlich ähnliche Gebilde, die sich bei näherem Zusehen indessen bloss als Zerrformen des Urbildes enthüllen, für das Urbild selber zu nehmen. Die Augenblicksnaturen wünschen ohne Zweifel auch die Verlängerung ihrer Existenz, das will sagen, solange als möglich, weitere Augenblicke zu erleben, aber über diesen quantitativen Zuwachs reicht ihre Sehnsucht nicht hinaus. Den historischen Naturen ist das Problem der Unsterblichkeit ein Wertproblem. Es kommt ihnen nicht auf den Empfindungsinhalt und Gefühlswert an, die ihnen verloren gehen möchten, sondern auf die in der Idee der Unsterblichkeit liegende Würde, auf das Bewusstsein, in ihrem innersten Sein nicht an den äusseren Zwang, an die endlose Zufälligkeit des Naturgeschehens gebunden zu sein. Darum will alle Lust Ewigkeit: nicht die Lust als sinnliches Wohlergehen noch als stabiler Gleichgewichtszustand, sondern als Inbegriff der individuellen Vollkommenheit. Die Ewigkeit der Zeit ist eine Ewigkeit über der Zeit. Das Verlangen nach Unsterblichkeit ist das Verlangen nach Freiheit. Der Mensch zeigt die Aktivität des Intellektes zunächst darin, dass er die Vergangenheit in die Gegenwart hineinträgt und in ihr als Erinnerungsphänomen von neuem existent werden lässt, dass er weiter fortfahrend die Vergangenheit ausserhalb der Gegenwart für diese und die Zukunft zum Masstab wählt, dass der der abrupt und punktuell gegebenen Welt der Phänomene gegenüber eine neue Wirklichkeit nach seinem ureigenen Bilde schafft und dass er dann über alle in der Zeit enthaltene und in der Zeit restlos liegende Realität hinaus sich zu einer höheren über jeder Zeitbestimmung stehenden Wirklichkeit empordenkt, in der sich der tiefste Kern seiner Persönlichkeit manifestieren will. Das Postulat der Unsterblichkeit ist also kein Wunsch und keine Hoffnung, sondern das Bewusstsein der ethischen Freiheit. Es negiert nicht die Wirklichkeit, es konstruiert nicht eine unsichtbare Fortsetzung derselben, es gibt der Wirklichkeit bloss ein gefestetes Fundament im wollenden und denkenden Subjekt. Es wendet sich an kein Forum der höheren Gnade, sondern allein an den Gerichtshof der sittlichen Freiheit.

Das offenbart auch historisch der Unsterblichkeitsglaube der höchsten Individuen und die Art dieses Glaubens. Da können auch seine verblendeten Gegner ihre Überzeugung, der nackte Daseinsinstinkt hätte ihn erzeugt, angesichts der Fülle der entgegenstehenden lebendigen Argumente schwerlich ohne eine unleugbare Entstellung des Sachverhalts bekräftigen. Der Erhaltungstrieb hat trotz aller egoistischen und eudämonistischen Moraltheorien nach der Seite des sittlichen Wollens noch nie über sich selber hinaus geschaffen. Die Verkleidung, die er durch die Verbindung mit den sympathischen Gefühlen empfängt, kann sein inneres Wesen nicht erhöhen und ausserdem scheint es, dass das zierliche Kleid einem verhängnisvollen Irrtum zufolge an den Leib des neuen Trägers geriet.

Man halte zur Illustrierung des Gesagten wieder Napoleon und Cromwell zusammen. Das Ende des gekrönten Jokobiners, der trotz einer im übrigen stark theatralisch gefärbten Romantik aller Ideologie den Krieg erklärte, lässt sich dem Übergange eines durch Waffenmacht mühsam zusammengehaltenen Staates zur offenen Anarchie vergleichen. Das Bild des französischen Kaisers auf St. Helena ist bei aller wohl etwas forcierten äusseren Würde das eines Mannes, der seinen Heroismus bloss zu Lehen trägt und später, durch fremde Eingriffe enteignet, der Willkür des Geschickes preisgegeben ist. Sobald ihm die Möglichkeit entzogen wird, sich fortwährend aktiv nach aussen darzustellen, verliert er den Boden gänzlich unter den Füssen. Der Eroberer vergisst, dass jede Eroberung, jedes Eigentum bloss den Wert besitzt, den ihm der Eigner aus sich heraus zu schenken vermag. Er hat durch Zufall gesiegt und ist durch Zufall überwunden worden, daher war er abhängig und nicht einmal als Sieger frei. Dagegen zeigte Cromwell, der unter so völlig anderen psychologischen und historischen Voraussetzungen den Weltschauplatz betrat, auch im Sterben, als er sich der weitreichendsten und edelsten Pläne entschlagen musste, die tiefste, geklärteste Zuversicht. Dieser ungetrübte Friede des Gemütes, der sich von aller äusseren Realität in seine eigene Innerlichkeit zurückzieht, ist nicht mit der Hoffnung zu verwechseln, die Grenzen des Erdenlebens in unsichtbare Fernen zu verrücken, sondern entspringt der Erkenntnis einer ganz anderen Unsterblichkeit, dem unvergänglichen Eigenwert der moralischen Persönlichkeit. Man wird also davon ablassen müssen, den sittlichen Kern des Willens zur Ewigkeit an den Erzeugnissen des Aberglaubens zu bestimmen und den vulgären Formen des Immortalitätsglaubens auch die moralische Überzeugung des unendlichen Wertes der Individualität zu subsumieren. Seine Korruption bei niedrigeren Rassen und insgesamt beim weiblichen Geschlechte, das ihm wie allen metaphysischen und den tieferen ethischen Problemen das gröbste Unverständnis entgegenbringt, beweist nach keiner Seite hin etwas. Die Unsterblichkeit als Wertproblem bleibt unanfechtbar.

Man mag hier die Ergebnisse unserer Analyse des Übermenschen und der ewigen Wiederkunft des Gleichen sich wieder ins Gedächtnis zurückrufen. Die ewige Wiederkunft des Gleichen zeigte sich als der Grundstock, als das Urgestein der Nietzsche'schen Lehren, während der Übermensch nur gleichsam eine Oberflächenbildung repräsentierte. Aber beide mündeten in derselben Idee, in der Idee des Wertes, den sich der von den Fesseln der Traditionen, der Zeit überhaupt, freigewordene Mensch selber verleiht. Der Mensch muss zum Übermenschen aufsteigen, das heisst doch nur: der Mensch trägt den Übermenschen in sich als Ideal und als Realität. Jeder Augenblick hat Ewigkeit, was heisst dies anders als: der Mensch hat in sich Ewigkeit und schenkt dem Augenblick Ewigkeit. Dass also der Mensch den Übermenschen schafft und dass er sein Dasein ethisch verewigt, ist seine Unsterblichkeit. Die Unsterblichkeit geht über in das Wertproblem.

Die zwei Gedankengänge sind voneinander unabhängig entwickelt worden. Es ist nunmehr an der Zeit, das Gleichheitszeichen anzusetzen. Der historische Mensch verwirklicht die Idee der Unsterblichkeit als Idee des Wertes. Das, was den offenkundigen Widerspruch zwischen der ewigen Wiederkunft des Gleichen und dem Übermenschen beseitigt und die innere Einheit restituiert, war der ihnen gemeinsame Gedankenkern des Wertproblems. Also zielen beide, oder es zielt in beiden dasjenige, was ihr eigentlich Charakteristisches ist, auf den historischen Menschen. Der historische Mensch ist der Übermensch, der historische Mensch konzipiert die Idee der ewigen Wiederkunft. Der historische Mensch ist die Einheit der zwei Gedanken, die Werteinheit und also der Grundgedanke der Nietzsche'schen Philosophie.

Wir könnten hier Halt machen, wenn wir uns nicht rechtzeitig unserer eigentlichen Aufgabe besännen. Die Identifizierung der beiden Probleme habe ich bereits früher, und wie ich glaube, mit vollem Erfolg versucht. Sie könnte an dem neu gewonnenen und abgeleiteten Begriff des historischen Menschen eine erwünschte Erweiterung, Vervollkommnung und Begründung erhalten, wenn bloss diese immerhin accidentielle Zugabe in meinem Plan gelegen wäre. Aber der jetzige Teil war von anderen als rein exegetischen Tendenzen getragen: an die Stelle der Interpretation trat die Kritik. Der historische Mensch ist die vollste Entfaltung der Nietzsche'schen Lehren, somit bejaht er sie und begründet sie; aber er legt auch Zeugnis ab gegen Nietzsche: gegen jenen Nietzsche, der in meiner Darstellung vorderhand in den Hintergrund trat. Diesem Vorwurf musste ich mich schon zu allem Anfang preisgeben: mir Nietzsches Philosophie eigens für bestimmte Zwecke zurechtgelegt zu haben und tendenziös bloss einen Ausschnitt daraus, nicht das Ganze mit seinen Thesen und Antithesen, mit all seinen ästhetischen und ethischen Fragezeichen, — womit der landläufige Nietzscheinterpret, schwer beladen gleich einem Packesel, einherkeucht, froh, wenn er den ganzen Plunder am nächsten Tagesmarkte unter den jubelnden Zurufen einer lärmenden Jüngerschar abwerfen kann — gegeben habe. Aber die Auswahl war von einem konkreten, einheitlichen Zweck bestimmt. Und der Zweck war mit Vorsicht gewählt.

Auf der einen Seite wurde nämlich die Auffassung des Übermenschen als einer dem Menschen innewohnenden Potenz, die seine Ineinssetzung mit der ewigen Wiederkunft des Gleichen vorbereitete, unabhängig von Nietzsche entwickelt, in einer ihre Argumente nicht aus seiner Rüstkammer entlehnenden Polemik gegen die evolutionistische Moraltheorie, die begreiflicherweise auch auf die Beurteilung des Philosophen hinüberwirken musste. An dieser Stelle versuchte ich zu zeigen, dass der Evolutionismus nicht eigentlich der von ihm befreiten Darstellung des Übermenschen entgegenarbeitete, wohl aber ihn sozusagen veräusserlichte, bloss eine flüchtige Oberflächenschätzung vornahm, sein tieferes Fundament aber unberührt liess. Der Erfolg dieser Argumentation, deren objektiver Wert allerdings nicht an ihre Übereinstimmung mit den Theorien Nietzsches gebunden war, wäre freilich nach der anderen Seite im Hinblick auf ihre exegetischen Absichten notwendig illusorisch geworden, wenn sich nicht die Ergebnisse derselben, die neue Auffassung des Übermenschen und der ewigen Wiederkunft des Gleichen auch in der Lehre des Denkers als zu Recht bestehend nachweisen liessen. Der Übermensch und die ewige Wiederkunft Nietzsches mussten auch unser Übermensch und unsere ewige Wiederkunft des Gleichen sein, wenn sie ausserdem auch vielleicht noch etwas anderes darstellen mochten. Dass die ideelle Solidarität soweit gewahrt war, dass dieser

Übermensch und diese Idee der ewigen Wiederkunft des Gleichen deutlich die Züge trugen, die wir ihnen verliehen, ging aus einer ausführlichen Darlegung der gedanklichen Leitmotive des Hauptwerkes „Also sprach Zarathustra" hervor. Es zeigte sich hier, dass von Willkür kaum gesprochen werden kann, wo die Harmonie zwischen Text und Kommentar so gross, so in die Augen springend und so weitgehend ist.

Die Harmonie hatte allerdings ihre Grenzen. Und jenes „andere" in Nietzsche muss einer speziellen kritischen Analyse unterworfen werden. Diese brauchte, da es sich bloss um eine Vorarbeit handelte, vorderhand noch nicht ins Detail zu gehen. Aber sie bedurfte eines sicheren Stützpunktes, an dem sie sich zu einem umfassenden Überblick erheben konnte. Sie musste daher dort ansetzen, wo der Gedankengang Nietzsches in die Tiefe mündete. Der Übermensch, als das Sekundäre, in seinen buntfarbigen, vielseitigen Möglichkeiten hatte zunächst im Hintergrunde zu bleiben. Die Idee der ewigen Wiederkunft enthielt bereits jene Andersheit in sich, wenn auch als blosse Keimform, die sich weiterhin zu den mit unserer früher entwickelten Auffassung in offenem Widerspruch stehenden Bestimmungen entfalten sollte. Von ihr aus konnte der Übermensch begriffen werden, von ihr aus muss er auch in der geänderten Fassung begriffen werden. Da sie im Zentrum der Nietzsche'schen Weltanschauung steht, so fallen von hier aus nach allen Seiten interessante Streiflichter.

Es zeigt sich, dass meine Interpretation Nietzsches nur soweit aufrecht zu halten war, als der Idee der ewigen Wiederkunft des Gleichen eine bloss symbolische Geltung zukam, die im Übermenschen zur Realität kondensierte. Die ewige Wiederkunft des Gleichen ist eben nichts als der Wertgedanke, eine Formel, nichts weiter. Der Übermensch dagegen ist eine Schöpfung, wenn er auch zuvor schon im Menschen lag und eigentlich auch immer im Menschen verbleibt. Aber er muss eben im Menschen aktuell werden. Es ist ein psychologisches Problem, inhaltlich bestimmbar, das zu einer unübersehbaren Reihe von Detailfragen Anlass gibt, die im Rahmen einer Vorarbeit keinen Platz haben, ein Problem, dessen Behandlung wir bis zu dem Stadium weiterführten, wo in klareren Umrissen das charakteristische Moment uns vor Augen trat: der Übermensch ist der historische Mensch.

Es zeigte sich aber auch, dass der Idee der ewigen Wiederkunft im Sinne Nietzsches eine mehr als symbolische Geltung zukam; und das „mehr" barg in sich den Fehlerquell, aus dem die anderen kleineren und grösseren Irrtümer seiner Lehren hervorgingen. Die ewige Wiederkunft des Gleichen sollte an sich, nicht etwa im Übermenschen, Realität sein. Damit ist die Grundvoraussetzung meiner Erörterungen in ihr Gegenteil umgedreht. Aber der Drehungswinkel sowohl als auch die Drehungsrichtung ist damit noch in keiner Art determiniert. Das Wort „Realität" ist vieldeutig und sein Sinn noch nicht axiomatisch und unwiderlegbar festgestellt. Um den bestimmten Inhalt dieser Realität von allen schwebenden Eventualitäten zu befreien, war es geboten, den Unsterblichkeitsgedanken, der im wesentlichen sich mit der Lehre von der ewigen Wiederkunft des Gleichen identisch zeigte, in seine Elemente auseinanderzufalten. Es genügte nicht, die logischen Formulierungen der Reihe nach durchzugehen. Solange es nötig war, die Weltanschauung Nietzsches auf einen bestimmten, allseitig klar umgrenzten Ausdruck zu bringen, konnte man exklusiv logisch vorgehen; wo man aber den geheimen Denkermotiven des Philosophen nachzuspüren begann, war es unvermeidlich, den Übergang zur Psychologie zu suchen. Die verschiedene Art, in der sich die Menschen zur Zeit verhalten, bedingt die verschiedene Art, in der sie sich zum Unsterblichkeitsgedanken verhalten. Dem Augenblicksindividuum ist die Unsterblichkeit ein Wunsch, den Augenblick zum Augenblick weiterzuführen. Dem elementaren Menschen ist sie nur gleichsam die ins Unendliche gesteigerte Intensität der Erlebnisse. Erst der historische Mensch sieht und erkennt in ihr das Problem seines Individualwertes.

Es liegt nahe, Nietzsches Anschauungen an diesen nach der Reihe entwickelten psychologischen Masstäben zu bestimmen. Die berührte Differenz und Zweideutigkeit kommt vielleicht auf Rechnung der Koexistenz der verschiedenen charakterologischen Strömungen. Die Möglichkeiten reduzieren sich freilich auf die beiden an letzter Stelle genannten. Weiter hinunter darf man nicht zu steigen versuchen. Von jener Sehnsucht, die nach einer immer erneuten Augenblicksexistenz hungert, war Nietzsche frei. Im Gegenteil, er fürchtete die Ewigkeit; und eben darum wollte er an sie glauben, — glaubte er an sie. Dies Erschauern vor den verborgenen Hintergründen des Seins und dabei das Bewusstsein, dass dort, eben dort das Grosse liegt, dass der Mensch seine Sinnlichkeit zwingen muss, um zu glauben, dass also der sittliche Glaube nicht als parasitäres Gewächs aus dem Fruchtboden der Sinne hervorwächst, ist dem historischen Menschen ursprünglich eigen. Aber Nietzsche kam um seine Furcht nicht herum. Er glaubte sie zu überwinden, indem er zum Leben ewig Ja sagte, aber damit, dass er sie gewaltsam überwinden wollte, verriet er, dass er über ihre Gegnerschaft nicht hinüberlangte.

Bloss derjenige triumphiert in Wahrheit über sie, der hinter sie sieht, der erkennt, dass die Furcht dem sinnlichen und nicht dem sittlichen Menschen angehört, und dass man ihr nicht durch einen Glaubenszwang, sei es auch der Zwang des dionysischen Glaubens, wehren kann, sondern sie allein durch den Wertgedanken, der der Furcht vor dem Nichtsein und der Furcht vor dem Sein ein höheres Prinzip substituiert, endgültig zu besiegen vermag. Nietzsche zwang sich zur Ewigkeit und er zwang das Erdenleben zur Ewigkeit. Er gab also der Gegenwart einen unendlichen Gehalt, nicht dem Wert, sondern der Extensität nach. Oder, so kann man wohl sagen, er drängte die Ewigkeit selber in das Erleben der Gegenwart. Darin verriet er sich als elementarer Charakter. So liegen beide Elemente bei ihm im Zwiespalt. Und diese tragische Entzweiung durchzieht das ganze Gebäude seiner Weltanschauung. Der historische Mensch ist der Sinn, der elementare Mensch ist der Widersinn seiner Lehren. Aber Sinn und Widersinn halten einander die Wagschale. Es geht nicht an, den letzteren über Bord zu werfen, solange man Nietzsche voll nimmt. Das Eliminationsverfahren ist kritisch vollauf berechtigt, psychologisch dagegen führt es zu unhaltbaren Einseitigkeiten.

Das Elementare in Nietzsche verlangte nach Ausdruck: im Übermenschen und in der Idee der ewigen Wiederkunft. Bloss diese letztere konnte sowohl in ihrer idealen Fassung, als auch in ihrer realistischen Umformung hier Erwähnung finden. Inwiefern das Postulat des Übermenschen durch den Einfluss des neuen Elementes eine problematische Färbung erhielt, sollte ausserhalb der Diskussion bleiben, da mit obigem das Thema einer Vorarbeit als erschöpft zu betrachten ist. Sie berührt allein die formalen Voraussetzungen, das Materiale, das sich am reichsten um den Begriff des Übermenschen ansetzt, liegt ausserhalb ihrer Deduktionen. Immerhin wurde auch nach dieser Richtung bereits manches gewonnen, manch anderer Gewinn vorbereitet. Die Analyse des Übermenschen ergab bloss die formale Bestimmung, die seine inhaltliche Charakteristik noch völlig in der Schwebe liess. Sie zeigte nicht mehr als das Wo des Übermenschen, die Innerlichkeit dieses Ideales als latente Existenzform im Menschen selber. Die Interpretation der ewigen Wiederkunft des Gleichen ergab schon mehr: sie eröffnete einen Ausblick nach dem Inhalt wenigstens soweit, als sie den Begriff der ethischen Verantwortlichkeit zu erhöhter Klarheit emporläuterte. Auch die im weiteren sich daran reihenden Auseinandersetzungen haben kein eigentlich Materiales ergeben, denn die Kontinuität und der Individualwert des historischen Charakters lassen es noch unentschieden, worin die näheren und entfernteren psychologischen und ethischen Konsequenzen dieser kontinuierlichen Daseinsform beständen und was als das Objekt des Wertes anzusehen sei. Dessen ungeachtet steht man hier dem Inhaltlichen am nächsten: denn die Psychologie des Übermenschen ist in seiner Identifikation mit dem historischen Menschen schon in ihren Grundzügen gegeben.

Die Weltanschauung Nietzsches leidet an diesem Wiederspruch: der **elementare und der historische Charakter kämpfen ununterbrochen um den Vorrang.** Durch alle Problemstellungen hindurch kann man diese interessante Duplizität verfolgen. Der Widerspruch kommt nicht etwa successiv zur Geltung, oder so, dass seine beiden Glieder wechselweise den Schauplatz beherrschen. Der Kontrast ist für ein geübtes Auge überall, in jedem Querschnitt durch das Ganze seiner Philosophie sichtbar. Ich habe bei Gelegenheit den Widerspruch noch zu vertiefen und nicht nur wie hier auf psychologische Dispositionen, sondern auf logische Ideen zurückzuführen gesucht, indem ich auf den Konflikt hinwies, der bei Nietzsche durch den Widerstreit der **Begriffe des Zufalls und der ethischen Notwendigkeit** ins Leben trat. Dieser Konflikt, der sich auch im Grunde genommen mit dem des elementaren und historischen Elementes deckt, ist in Wahrheit massgebend für alle Irrtümer und Erkenntnisse des Philosophen.

Im Vorigen wurde die Beziehung des Zeitproblems zur Metaphysik und zur Psychologie in ein helleres Licht gesetzt. Es ist daher nach den beiden Seiten hin von Interesse, Nietzsches Stellungnahme zu dem berührten Problem ins Auge zu fassen. Schon hier, an den Quellen der Erkenntnislehre und der Moral, entdeckt sich uns jener überall hervordringende Zwiespalt. Nietzsche wendet sich an den bereits zitierten Stellen gegen den Pessimismus, der die Weltordnung verurteilt, weil der Mensch von der Vergangenheit abhängig ist und sein Wille sich auch in der Dimension der Zeit bewegt und nicht zurück kann. Die Vergangenheit vermag man nicht nach Wunsch und Willkür umzubilden, so muss man sie ohne Zaudern und erbitterten Protest auf sich nehmen. Man muss ihr in der Gegenwart einen Wert geben. Die Lehre von der ewigen Wiederkunft des Gleichen, wie sie besonders in Umrissen in der „fröhlichen Wissenschaft" auftaucht, spricht dieselbe Tendenz aus, diesmal aber vorausschauend in die Zukunft. Man kann die Zukunft nicht nach Belieben schaffen und realisieren, aber man kann sie so betrachten, als ob sie eine Schöpfung wäre, als ob sie die Gegenwart unzählige Male reproduzieren würde. Man muss ihr also in der Gegenwart einen Wert geben. So spricht Nietzsche und so spricht in ihm der historische Mensch.

Derselbe Nietzsche erklärt sich aber an anderer Stelle gegen das Bewusstsein der ethischen Verantwortlichkeit, oder eigentlich gegen das, was diesem als logische Voraussetzung dient, gegen den Begriff der gesetzlichen Notwendigkeit. „Von Ohngefähr" lautet der Dinge ältester Adel. Diesen Adel will er ihnen zurückgeben. Wer aber alles hinnimmt, wie es kommt, in dionysischer Gelassenheit, ohne es in irgend eine nähere Beziehung zu seiner Persönlichkeit zu setzen, ein solcher „Ohngefährmensch" wird sich gegen das Postulat des Übermenschen so gleichgiltig verhalten als nur möglich. Aber dieser stumpfsinnigen Indifferenz der Augenblicksnaturen wollte der Philosoph sicherlich nicht das Wort reden. Er erklärte sich desto entschiedener gegen den psychologischen Historismus, gegen die Kontinuität, die den Menschen an der Vergangenheit schuldig werden liess. Er wollte nicht, dass der Gegenwart das Recht der Gegenwart verkürzt werde. Also spricht der elementare Mensch in Nietzsche.

Der elementare Charakter rückt gegen den historischen zu Felde. Auf der Wahlstätte erhebt sich der drohende Doppelsinn der neuen Weltanschauung. Der Konflikt dauert an; er entfaltet sich immer reicher, aber es kommt zu keiner Vereinigung der feindlichen Gegensätze.

Mit voller Kraft erhebt sich dieser Zwiespalt auf dem Boden des Kulturproblems: man weiss, dass es im Vordergrunde der von dem Denker mit wachsender Vorliebe berührten Probleme steht. Es fragt sich zunächst, was Kultur sei, und dann, von wem Kultur ausgehe. Was Kultur sei, ist völlig das Problem des Übermenschen. Was ihr schade und was sie fördere, das hat Nietzsche namentlich nach der Seite des Historismus bereits frühzeitig in Erwägung gezogen. Man erinnere sich an die Abhandlung in den „Unzeitgemässen Betrachtungen", „Vom Nutzen und Nachteil der Historie für das Leben". Die antihistorische, unter allen Umständen relativ antihistorische Tendenz der Schrift möchte einen in der Ansicht bestärken, sie falle im wesentlichen ganz unter die Charakteristik des Elementaren. Aber dies ist nur bedingt richtig. Es gilt mit Rücksicht darauf, dass Nietzsche hier besonders das Handeln betonte, und die passive Zuschauerrolle der mit Vergangenheit gesättigten und übersättigten Menschen verwarf. Er unterscheidet zwischen antiquarischer, monumentaler und kritischer Geschichte. Unter der antiquarischen hat man das zu verstehen, was früher als epische

Historie charakterisiert wurde. Die monumentale und kritische Geschichte, die Geschichte, die die Verbindung zwischen den grossen Phänomenen und den menschlichen Heroen lebendig erhalten und die Geschichte, die kritisch die Vergangenheit und Gegenwart nach ihrem moralischen Wert prüfen will, lassen sich wohl schwerlich isoliert halten, denn um die Gegenwart an der Vergangenheit, wenn auch positiv, zu bestimmen, bedarf man schon der kritischen Masstäbe, sodass die monumentale Historie ein Anlehen bei der kritischen zu machen sich veranlasst sähe. Beide gehören untrennbar zusammen und bilden das, was früher die Charakteristik der symbolischen Historie erhielt. Wenn Nietzsche sich im Interesse der Gegenwart auch gegen diese wendet, so ist der Grund davon nicht so sehr in der Präponderanz des elementaren Charakters zu suchen, als darin, dass er mit ihr einen von dem unsrigen beträchtlich abweichenden Begriff verband. Er reflektierte auch hier blos auf das Werden, das den Intellekt nicht zur Ruhe kommen liess, zur Erfassung seiner selbst als willenbegabten und handlungsfähigen Zweckobjektes, eine Auffassung, die freilich durch die etwas einseitige Bekanntschaft mit den das dialektische Moment der Änderung besonders betonenden Geschichtsphilosophien Hartmanns und Hegels nahegelegt war. Dass die Schrift sonst ganz im Sinne seiner damaligen, in der Sonne der Wagnerschen Weltanschauung gereiften Überzeugungen wesentlich von den Voraussetzungen unseres historischen Menschen ausging, spricht sich deutlich in dem Hinweis auf die Notwendigkeit aus, dem wandelbaren und in sich selber so wenig gefesteten Material der Historie gegenüber, die Ewigkeit der Moral und Religion, die sich an keine Zeit binde, zur Betonung zu bringen.

In der späteren Periode, während der Abfassung von „Menschliches, Allzumenschliches" hatte sich sein Standpunkt auf die andere Seite verschoben. Das Verhältnis korrespondiert, trotz der Umstellung der in die gegenseitige Beziehung gesetzten Glieder, ganz dem früheren. Diesmal entscheidet sich Nietzsche für die Historie; aber er ist persönlich elementarer als früher. Dies zeigt sich in der ängstlichen Vermeidung jeder metaphysischen, jeder nicht überall aus empirischen Elementen sich ihrem ganzen Umfang nach konstituierenden Hypothese, in der Reduktion des Sehfeldes auf das unmittelbare Gebiet der Empirie. Und diesmal verlangt Nietzsche die Historie für das Leben. Er geht so weit, sie geradezu in die Definition des genialen Menschen hinüberzunehmen. Das historische Erkennen ist ihm, wie das Gedächtnis für die einzelnen Individuen, die Genialität der Menschheit im Ganzen, die vollendete Historie ist kosmisches Selbstbewusstsein. Das scheint vollkommen zu unserer Definition des historischen Menschen zu stimmen. Aber man darf sich dadurch nicht beirren lassen. Nietzsche ist, wie bemerkt, in seiner rationalistischen Epoche elementarer als früher. Das zeigt jener oben charakterisierte psychologisierende Empirismus, die Abneigung gegen die Metaphysik, sogar gegen das Genie, sofern es die Neigung verrät, über die Grenzen zu schweifen und seiner Exzentrizität die Zügel schiessen lässt. Es verhält sich eben anders, als der Augenschein uns vortäuschen möchte. Das appolinische Moment steht dem elementaren, das dionysische dem historischen näher, obgleich die beiden gegensätzlichen Paare sich nicht demselben begrifflichen Schema unterordnen. Denn der dionysische Mensch ist über den Kreis des Werdens hinausgehend zu sich selber zurückgekommen, der appollinische Mensch dagegen ist noch im Kreise des Werdens befangen.

In der Periode des „Zarathustra" ist Nietzsche wieder dionysisch und historischer geworden. Freilich hat die Spannung der kontrastierenden Elemente diesmal einen Höhegrad erreicht, wieder arbeitet sich, zum Unheil Nietzsches, des Denkers und Menschen, mit immer erneuter Kraft das Elementare hervor, bis er, in dem Augenblicke, wo es die Oberhand zu gewinnen scheint, seinem Verhängnis anheimfällt.

Da hat man also den tragischen Konflikt, der zur Katastrophe treibt. Ob und wann der Denker die ersten Spuren der Geistesstörung verriet, ist unserer Analyse gleichgiltig. Die Diagnose mag man getrost dem Psychiater überlassen. Die Medizin hat auf ihrem eigenen Gebiet genug Probleme zu lösen. Was von Nietzsche in das Bereich der ewigen Symbole und Ideen hineinragt, entzieht sich physiologischen Experimenten und Untersuchungen. Die philosophische Entzweiung der beiden Naturen in ihm kann man nicht mit dionysischer Frechheit in den Ganglienzellen der Grosshirnrinde lokalisieren. Da siegt blos das Denken über das Denken und nicht der arzneiliche Kunstgriff irgend eines hergelaufenen Kurpfuschers, der mit einigen aufs Geratewohl zusammengetragenen physiologischen Fiktionen aus der Harnanalyse Zarathustras seiner Geistesentwicklung und dem Schicksal seiner Zeit prognostizieren möchte.

Der Denker, der Mensch und der Künstler Nietzsche ist ein Stauungsphänomen. Zwei Gedankenströmungen, die elementare und die historische, fliessen zusammen, fliessen gegeneinander. Die ewige Wiederkunft des Gleichen, der Sinn des Übermenschen, ist zugleich auch das Symbol des historischen Charakters. Der historische Mensch ist der Sinn des Übermenschen. Somit wäre der Kreis geschlossen und Nietzsche in seiner Lehre als Vertreter des Historischen charakterisiert. Die Charakteristik ist aber ganz unvollständig. Es gibt einen Nietzsche, der von all dem nichts weiss, der von all dem das Gegenteil weiss. Am untrüglichsten verrät sich das elementare Moment in der wechselnden Charakteristik des Übermenschen. Aber elementar wird auch das Fundament der Lehre, die Idee der ewigen Wiederkunft des Gleichen. Sie wird es dort, wo sie auf mehr als symbolische Geltung Anspruch erhebt.

Diese mehr als symbolische Geltung ist kein Mittel, um dem herkömmlichen oder einer sublimeren Form des Eudämonismus Vorschub zu leisten. Sie ist heroisch, sie soll heroisch sein. Aber bei allem Heroismus ist sie der Ausdruck einer Missdeutung des Symbols in seinem übersinnlichen und ethischen Wert.

Das gibt von selber Anlass, als Beschluss der vorliegenden kritischen Vorarbeit das Verhältnis Nietzsches zur Philosophie überhaupt und zur Metaphysik im besonderen zu berühren.

Die Metaphysik ist die Lehre von den Symbolen. Oder sie enthält als ein grösseres Ganzes diese Lehre in sich. Denn die Metaphysik ist die Lehre vom Wert, die energischeste Vertiefung des Wertproblems. Sie lässt unter dem Gesichtspunkte des Wertes die Phänomene als Symbole der Werte erscheinen. Es liegt also ganz und gar nicht in ihrem Wesen, die gegebene Existenz zu negieren oder zu verdoppeln, indem sie ihr eine andere transcendente an die Seite gibt. Sie existenzialisiert nicht, sondern sie symbolisiert.

Nietzsche verkannte ihren symbolischen Charakter. Er witterte metaphysische Wesenheiten, und er sah darin ein feiges Abschweifen von der erschauten und erlebten Welt. Darum vergröberte er die Idee der ewigen Wiederkunft des Gleichen zur Realität der ewigen Wiederkunft des Gleichen, zur sinnlichen Realität, um sich von Anfang an gegen die Möglichkeit einer übersinnlichen schützen zu können. Für die Bedeutung der Idee als Symbol hatte er kein Auge. In dem ängstlich überreizten Bestreben, alle Metaphysik fern zu halten, hat er unverkennbar den entgegengesetzten Effekt erzielt, da er den Gedanken seiner Symbolik entkleidete und in sinnliche Wirklichkeit umzusetzen bestrebt war. Dieser Umsatz aber ist theoretisch willkürlich und gröbste Metaphysik.

Die Unsterblichkeit des Menschen sollte dem Weltgeschehen immanent werden. Den scheinbaren Eudämonismus dieser Anschauung habe ich bereits des näheren charakterisiert. Er ist in sie irrtümlich hineininterpretiert, nicht aus ihr herausgelesen. Aber trotzdem ist die realistische Darstellung des Unsterblichkeitsgedankens seinem tieferen Verständnisse in keiner Weise günstig, ja im Gegenteile sie zerstört den ethischen Gehalt desselben und gibt ihn einem naturalistischen Dogmatismus preis. Denn die ewige Wiederkunft repräsentiert in dieser Darstellung ein mathematisches Axiom; es liegt im objektiven Naturlauf begründet, dass der Kreis des ewigen Werdens ewig in sich zurückführt. Diese reale Notwendigkeit einer immer erneuerten Existenz erzwingt die intellektuelle Anerkennung des Menschen, ebenso wie dieser dem Pythagoreischen Lehrsatz seine Zustimmung nicht versagen kann. Mehr als dieses logische Verhältnis besteht nicht, die Ethik wird nicht einmal an der Oberfläche gestreift. Die ewige Wiederkehr der Phänomene ist das allgemeine Gesetz, die Unsterblichkeit des Menschen ist blos ein Spezialfall.

So entnervt Nietzsche die fundamentale Idee seiner Lehre. Er lässt von ihr, dem grossen Symbole, nichts übrig, als die grob realistische Begriffshülse. Eben dasjenige, womit die Unabhängigkeit des Menschen von dem Zwang des objektiven Seins ermöglicht werden sollte, wird preisgegeben, um ihn unter das Joch eines geometrischen Axiomes zu beugen, dem er seine intellektuelle Auffassung und die Motive des Willens unterordnen muss. In die Welt der Objekte flüchtet Nietzsche das, was als unveräusserlicher Besitz dem Subjekt angehören soll.

Dieses Missverständnis der eigenen Lehre entsprang aber im Grunde genommen einem bis in die Wurzeln seiner Weltanschauung hineinreichenden Missverständnisse des Problems der Metaphysik, das vor allem das Wertproblem in sich enthält, ja darin sogar in bestimmtem Sinn aufgeht: denn die Fragen danach, was die Welt an sich sein möge, nach dem Absoluten im Sein und Werden, gehen bereits von der Auffassung aus, dass die Welt nicht blos ein Ganzes von Phänomenen, sondern einen Wert darstelle, oder klarer gesagt, eine Quelle ewigen Wertes, der nicht an die Zustimmung subjektiver Willkür gebunden ist, sondern in sich seine Gewähr und höchste Vollendung trägt. Diese Wertquelle verstopfte Nietzsche, indem er den Standort verliess, von dem aus er allein in vollen Zügen aus ihr schöpfen konnte. Der Mensch sollte nicht selber mehr den erhabenen Masstab der ewigen Wiederkehr an seine Erlebnisse anlegen, sondern die ewige Wiederkehr trug an ihn selber von aussen als eine Realität, die den Menschen gar nicht nötig hat, den Masstab heran. In ihr bejaht nicht mehr der Mensch sein Leben, sondern sie bejaht das Leben des Menschen. Mit dem Symbol ist die

Aktivität der moralischen Wertungen dem Zufall und dem Verhängnis preisgegeben. Die Preisgabe ist ausserdem um einen verderblichen theoretischen Irrtum erkauft. Im Bestreben, der Metaphysik aus dem Weg zu gehen, fiel Nietzsche der gröbsten Metaphysik anheim. Nach dem Absoluten streckte er nicht mehr in hoffender Sehnsucht die Hände aus. Die Materie der empirischen Realität liess er unangetastet. Aber er zwängte sie in Formen ein, von denen die Erfahrung nichts weiss und die die Logik nicht rechtfertigen kann. Ewigkeit liegt nicht in den Phänomenen, sondern allein in der ethischen Interpretation der Phänomene.

Nietzsche verwarf die Metaphysik, weil er in ihr ein Fragezeichen der menschlichen Würde sah. Er verwarf sie, weil er in ihr die weltflüchtige Müdigkeit witterte, die die Wirklichkeit zum Schein umwandelte, um ihre Scheinwerte zur Wirklichkeit umzuschaffen. Er verband mit allen metaphysischen Möglichkeiten die Vorstellung einer Doppelreihe der transcendenten und empirischen Existenzen, von denen jene dieser auf Tod und Leben den Krieg erklärten. Entwertung der Wirklichkeit zum Schein hiess ihm Metaphysik. Er sah nicht den logischen Abstand der Erscheinung vom Schein. Eben dasjenige, worin die moderne Erkenntnislehre in ihren tiefsinnigsten Vertretern so weit von der antiken differiert: dass sie sich nicht der Metaphysik bedient, um die Realität in Schein zu verflüchtigen, sondern um der Erscheinung ein festes Fundament zu schaffen, dass sie nicht die Erfahrung als Phänomen zu negieren, sondern ihren Wert an feststehenden Kriterien zu erhärten strebt, blieb Nietzsche, der der Regenerator der antiken und modernen Welt sein wollte, verschlossen. Er verkannte, dass das metaphysische Problem des Wertes, weit entfernt, der immanenten Wirklichkeit ihre Würde zu entziehen, ihr gegen die Anfechtungen relativistischer und skeptischer Theorien erst die volle Dignität restituieren kann.

Ebenfalls im SEVERUS Verlag erhältlich:

Oscar Ewald
Die französische Aufklärungsphilosophie
SEVERUS 2011 / 172 S. / 39,50 Euro
ISBN 978-3-86347-044-9

„Mit dem Anfang des Mittelalters und der Renaissance setzt eine Denkrichtung ein, die für die Erkenntnis der Welt keine andere Autorität gelten lassen will als die der Vernunft."
Damit hat Oskar Ewald die Idee der Aufklärung in ihren Grundsätzen auf den Punkt gebracht.

Ewald, bis 1928 Privatdozent für Philosophie in Wien, später von den Nationalsozialisten politisch verfolgt, zeichnet in seinem Werk von 1924 die Ideengeschichte der Aufklärung in Frankreich nach.

Aus der skeptischen Perspektive eines religiösen Sozialisten stellt er die wichtigsten Vertreter und unterschiedlichen Strömungen in Frankreich vor, arbeitet dabei Unterschiede heraus und zeigt Gemeinsamkeiten auf. Ewald gelingt der Spagat zwischen Darstellung und Analyse.
Seine ambivalente Bewertung und der angenehme Erzählstil seiner Darstellung machen „Die Französische Aufklärungsphilosophie" heute noch zu einem lesenswerten Werk für alle Philosophieinteressierten.

www.severus-verlag.de

Ebenfalls im SEVERUS Verlag erhältlich:

Immanuel Hermann Fichte
Die Idee der Persönlichkeit
und der individuellen Fortdauer
SEVERUS 2010 / 192 S. / 29,50 Euro
ISBN 978-3-86347-012-8

„Wie alles Wirkliche, so ist auch der individuelle Geist nothwendig räumlich-zeitlich, d. h. Seele und Leib sind nothwendige Correlatbegriffe. Freilich ist der wahre Leib der Seele nicht der äußere vergängliche Körper, sondern der „innere Leib", der ihr auch im Tode bleibt. – Was ist aber nun die positive Bedeutung des vergänglichen Körpers, des Erdendaseins des Geistes überhaupt?"
(Karl Hartmann, 1904)

Immanuel Hermann Fichte (1796-1876), Sohn Johann Gottlieb Fichtes und Anhänger von u. a. Herbart, Leibniz, Hegel und Schelling, steht zusammen mit Christian Hermann Weisse für den theistischen Spätidealismus. Aufgrund öffentlicher Äußerungen während seines Studiums wurde Fichte der Demagogie bezichtigt und kam erst spät zu Professorentätigkeit und einem Lehrstuhl für Philosophie in Tübingen.

In dieser Schrift untersucht Fichte die Konsequenz seiner zweiten Grundannahme, die besagt, Raum und Zeit seien nur Ausdruck der Wirklichkeit des unendlichen Seins und alle Realen nur als sich ausdehnende und dauernde zu denken, auf den Seelenbegriff als zentrale Idee seiner Metaphysik.

Ebenfalls im SEVERUS Verlag erhältlich:

Wilhelm Burkamp
Wirklichkeit und Sinn
Die objektive Gewordenheit des Sinns in der sinnfreien Wirklichkeit
SEVERUS 2010 / 328 S. / 39,50 Euro
ISBN 978-3-942382-24-3

Wilhelm Burkamp versucht in seinem Buch „Wirklichkeit und Sinn" die herrschenden widersprüchlichen Behauptungen der philosophischen und wissenschaftlichen Schulen zu schlichten und diskutiert eingehend fundamentale Probleme der Biologie, Psychologie und der Philosophie, auf die er nach dreißigjähriger Forschung gestoßen ist.

Burkamp (1879 bis 1939) war ein deutscher Philosoph. Er promovierte 1913 mit „Die Entwicklung des Substanzbegriffs" bei Ostwald in Göttingen und habilitierte sich 1923. Bis zu seinem Tode hielt er an der Universität Rostock Vorlesungen als a.o. Professor über Logik, Philosophie und Philosophiegeschichte.

www.severus-verlag.de

Bisher im SEVERUS Verlag erschienen:

Achelis. Th. Die Entwicklung der Ehe * **Andreas-Salomé, Lou** Rainer Maria Rilke * **Arenz, Karl** Die Entdeckungsreisen in Nord- und Mittelafrika von Richardson, Overweg, Barth und Vogel * **Aretz, Gertrude (Hrsg)** Napoleon I - Briefe an Frauen * **Ashburn, P.M** The ranks of death. A Medical History of the Conquest of America * **Avenarius, Richard** Kritik der reinen Erfahrung * Kritik der reinen Erfahrung, Zweiter Teil * **Bernstorff, Graf Johann Heinrich** Erinnerungen und Briefe * **Binder, Julius** Grundlegung zur Rechtsphilosophie. Mit einem Extratext zur Rechtsphilosophie Hegels * **Bliedner, Arno** Schiller. Eine pädagogische Studie * **Blümner, Hugo** Fahrendes Volk im Altertum * **Brahm, Otto** Das deutsche Ritterdrama des achtzehnten Jahrhunderts: Studien über Joseph August von Törring, seine Vorgänger und Nachfolger * **Braun, Lily** Lebenssucher * **Braun, Ferdinand** Drahtlose Telegraphie durch Wasser und Luft * **Brunnemann, Karl** Maximilian Robespierre - Ein Lebensbild nach zum Teil noch unbenutzten Quellen * **Büdinger, Max** Don Carlos Haft und Tod insbesondere nach den Auffassungen seiner Familie * **Burkamp, Wilhelm** Wirklichkeit und Sinn. Die objektive Gewordenheit des Sinns in der sinnfreien Wirklichkeit * **Caemmerer, Rudolf Karl Fritz** Die Entwicklung der strategischen Wissenschaft im 19. Jahrhundert * **Cronau, Rudolf** Drei Jahrhunderte deutschen Lebens in Amerika. Eine Geschichte der Deutschen in den Vereinigten Staaten * **Cushing, Harvey** The life of Sir William Osler, Volume 1 * The life of Sir William Osler, Volume 2 * **Dahlke, Paul** Buddhismus als Religion und Moral, Reihe ReligioSus Band IV * **Eckstein, Friedrich** Alte, unnennbare Tage. Erinnerungen aus siebzig Lehr- und Wanderjahren * Erinnerungen an Anton Bruckner * **Eiselsberg, Anton Freiherr von** Lebensweg eines Chirurgen * **Eloesser, Arthur** Thomas Mann - sein Leben und Werk * **Elsenhans, Theodor** Fries und Kant. Ein Beitrag zur Geschichte und zur systematischen Grundlegung der Erkenntnistheorie. * **Engel, Eduard** Shakespeare * Lord Byron. Eine Autobiographie nach Tagebüchern und Briefen. * **Ferenczi, Sandor** Hysterie und Pathoneurosen * **Fichte, Immanuel Hermann** Die Idee der Persönlichkeit und der individuellen Fortdauer * **Fourier, Jean Baptiste Joseph Baron** Die Auflösung der bestimmten Gleichungen * **Frimmel, Theodor von** Beethoven Studien I. Beethovens äußere Erscheinung * Beethoven Studien II. Bausteine zu einer Lebensgeschichte des Meisters * **Fülleborn, Friedrich** Über eine medizinische Studienreise nach Panama, Westindien und den Vereinigten Staaten * **Goette, Alexander** Holbeins Totentanz und seine Vorbilder * **Goldstein, Eugen** Canalstrahlen * **Griesser, Luitpold** Nietzsche und Wagner - neue Beiträge zur Geschichte und Psychologie ihrer Freundschaft * **Hartmann, Franz** Die Medizin des Theophrastus Paracelsus von Hohenheim * **Heller, August** Geschichte der Physik von Aristoteles bis auf die neueste Zeit. Bd. 1: Von Aristoteles bis Galilei * **Helmholtz, Hermann von** Reden und Vorträge, Bd. 1 * Reden und Vorträge, Bd. 2 * **Kalkoff, Paul** Ulrich von Hutten und die Reformation. Eine kritische Geschichte seiner wichtigsten Lebenszeit und der Entscheidungsjahre der Reformation (1517 - 1523), Reihe ReligioSus Band I * **Kautsky, Karl** Terrorismus und Kommunismus: Ein Beitrag zur Naturgeschichte der Revolution * **Kerschensteiner, Georg** Theorie der Bildung * **Krömeke, Franz** Friedrich Wilhelm Sertürner - Entdecker des Morphiums * **Külz, Ludwig** Tropenarzt im afrikanischen Busch * **Leimbach, Karl Alexander** Untersuchungen über die verschiedenen Moralsysteme * **Liliencron, Rochus von / Müllenhoff, Karl** Zur Runenlehre. Zwei Abhandlungen * **Mach, Ernst** Die Principien der Wärmelehre * **Mausbach, Joseph** Die Ethik des heiligen Augustinus. Erster Band: Die sittliche Ordnung und ihre Grundlagen * **Mauthner, Fritz** Die drei Bilder der Welt - ein sprachkritischer Versuch * **Müller, Conrad** Alexander von Humboldt und das Preußische Königshaus. Briefe aus den Jahren 1835-1857 * **Oettingen, Arthur von** Die Schule der Physik * **Ostwald, Wilhelm** Erfinder und Entdecker * **Peters, Carl** Die deutsche Emin-Pascha-Expedition * **Poetter, Friedrich Christoph** Logik * **Popken, Minna** Im Kampf um die Welt des Lichts. Lebenserinnerungen und Bekenntnisse einer Ärztin * **Prutz, Hans** Neue Studien zur Geschichte der Jungfrau von Orléans * **Rank, Otto** Psychoanalytische Beiträge zur Mythenforschung. Gesammelte Studien aus den Jahren 1912 bis

www.severus-verlag.de

1914. * **Rohr, Moritz von** Joseph Fraunhofers Leben, Leistungen und Wirksamkeit * **Rubinstein, Susanna** Ein individualistischer Pessimist: Beitrag zur Würdigung Philipp Mainländers * Eine Trias von Willensmetaphysikern: Populär-philosophische Essays * **Sachs, Eva** Die fünf platonischen Körper: Zur Geschichte der Mathematik und der Elementenlehre Platons und der Pythagoreer * **Scheidemann, Philipp** Memoiren eines Sozialdemokraten, Erster Band * Memoiren eines Sozialdemokraten, Zweiter Band * **Schweitzer, Christoph** Reise nach Java und Ceylon (1675-1682). Reisebeschreibungen von deutschen Beamten und Kriegsleuten im Dienst der niederländischen West- und Ostindischen Kompagnien 1602 - 1797. * **Stein, Heinrich von** Giordano Bruno. Gedanken über seine Lehre und sein Leben * **Strache, Hans** Der Eklektizismus des Antiochus von Askalon * **Thiersch, Hermann** Ludwig I von Bayern und die Georgia Augusta * **Tyndall, John** Die Wärme betrachtet als eine Art der Bewegung, Bd. 1 * Die Wärme betrachtet als eine Art der Bewegung, Bd. 2 * **Virchow, Rudolf** Vier Reden über Leben und Kranksein * **Wecklein, Nikolaus** Textkritische Studien zu den griechischen Tragikern * **Weinhold, Karl** Die heidnische Totenbestattung in Deutschland * **Wernher, Adolf** Die Bestattung der Toten in Bezug auf Hygiene, geschichtliche Entwicklung und gesetzliche Bestimmungen * **Weygandt, Wilhelm** Abnorme Charaktere in der dramatischen Literatur. Shakespeare - Goethe - Ibsen - Gerhart Hauptmann * **Wlassak, Moriz** Zum römischen Provinzialprozeß * **Wulffen, Erich** Kriminalpädagogik: Ein Erziehungsbuch * **Wundt, Wilhelm** Reden und Aufsätze * **Zoozmann, Richard** Hans Sachs und die Reformation - In Gedichten und Prosastücken, Reihe ReligioSus Band III

www.severus-verlag.de

www.ingramcontent.com/pod-product-compliance
Lightning Source LLC
Chambersburg PA
CBHW070832300426
44111CB00014B/2530